手賀沼開発の虚実

―「千間堤伝説」と「井澤弥惣兵衛伝説」の謎を解く―

〈付論〉秣場争論と中利根川流域の流作場開発

中村　勝

手賀沼ブックレット　No.6

はじめに

将門伝説、佐倉惣五郎伝説を生み出した下総の人々に限らず、日本人はみな伝説好きのようである。好きというより、史実を伝説に変えていかなければ、生きていけない歴史環境もあったようにも思える。

稲作を基本とする日々の営みは、地域の多くの人々が水を上流から下流へと使いまわして、排水する。こうして二千年もの間、一年も休むことなく連作を続けて来られた稲作は、奇跡とさえ言えよう。このような地域社会にあっては、軋轢を好まない。

時には史実と伝説を、峻別することがはばかられる様な事もあったのではあるまいか。かくして村人の中で「千間堤人為的破壊伝説」や、「井澤弥惣兵衛伝説」など小さな伝説が容易に許容される。

手賀沼の研究を始めた時、まず眼についたのは『東葛飾郡誌』の「千間堤の人為的破壊説」であった。元文五（一七四〇）年の嵐の夜、上沼と下沼沿岸の住民が千間堤をめぐって流血の衝突をして堤が破壊された、と言うものである。この事件の史料探しから始めたが、一向に見当たらない。それどころか、この事件が幻だったのではと思える同時代史料が次々に見つかった。

それだけではなく、享保期手賀沼開発の象徴である千間堤そのものに、疑問が生じてきた。

吉宗が紀州から連れてきた、地方巧者として名高い井澤弥惣兵衛が本当に計画に携わったのか。井澤の開発によって、一五〇〇石の新田が成就し、十年後の元文五年の洪水で新田はまったく壊滅に帰したと言うのでは、手賀沼新田はどこへ消えてしまったのか。

「手賀沼沿革史」や、現在の市町村史に描かれているこの定説を、根本から見直してみようと思ったのがこの稿を執筆した動機である。

これからこの稿で立証しようとしていることは、まず千間堤をめぐる事件が『郡誌』の作者の創作で、事実ではなかったこと。千間堤が享保十四（一七二九）年に築堤されたのは事実だが、当初からまったく役に立たず享保十九年の洪水で壊され、以後修復された様子もないこと。

つまり享保期の千間堤を築いて出来た新田は皆無で、上沼と下沼の人達が争う理由もなかった。享保十五（一七三〇）年の新田検地（一五〇〇石余）は、千間堤に関係なく、六〇年以前の海野屋作兵衛らの開発の成果であったこと。

以上の事が立証できれば、享保期の手賀沼新田開発は、まったく実態のない開発だったことになり、井澤弥惣兵衛もまた出る幕は無くなる。「井澤伝説」もまた、後世になって何らかの理由でつくられたと言う事になる。

出来るだけ地域の同時代史料を探し出し、何時、何故このような伝説が作られて来たか、その理由まで提示できればと思う。

今まで誤った定説を覆すことが困難だったのは、江戸時代後期に上梓された『相馬日記』や、赤松宗旦の『利根川図志』、明治期の「手賀沼沿革史」など刊行されている諸作の手賀沼新田開発に関わる記述を、まるごと否定することになるからであったように思える。あえてこの難しい作業に関って、享保期の手賀沼新田開発の誤りを正す事が出来れば、前後の開発史全体が矛盾なく理解できると考えるからである。

二〇一四年十月　**著者**

手賀沼開発の虚実　〈目次〉

第二部　「手賀沼干拓絵図」と同時代史料による手賀沼干拓

現流山６丁目付近を航行する高瀬舟

第一部　手賀沼開発の研究史

享保期井澤弥惣兵衛の開発はあったか

Ⅰ　利根川水運と手賀沼

（1）利根川東遷と手賀沼

まず研究史に入る前に、手賀沼を取り巻く下総、常陸の水運、手賀沼が置かれていた歴史環境を概観していこう。

手賀沼は江戸・東京から三〇キロ圏内の、首都圏にあっては比較的大きな沼である。江戸時代の初期寛永八(一六三一)年には、手賀沼の最奥端から小金の山野を掘り割って、江戸川(太日川)までの運河構想があったが、秀忠の死によって断念されたと「徳川実記」に記されている。

参勤交代制が確立すると、北関東の内陸水運網の整備が期待され、利根川東遷という大事業に取り組み「内川廻し」と呼ばれる水運ルートが作られ、手賀沼もその物流《ぶつりゅう》の中に組み込まれていく。第1図は、「利根川東遷図」である。利根川本流がどのように付け替えられ、江戸に向かう物流の道が形成されていったかを見てみよう。

図を見て分るように、利根川中流域には藺沼（いぬま）、飯沼、蔵王沼など流れの無い沼地が連なっていた。この沼地に渇水期でも舟運を可能とする水量を確保するため、中小の河川や鬼怒川な

第１図　利根川東遷図

①新川通り開削、元和７年(1621)、利根川と渡良瀬川を結ぶ。
②赤堀川開削、１回目元和７年(1621)通水足らず。
２回目寛永12年(1635)通水不足
３回目承応３年(1654)完成
③江戸川・権現堂川流路変更、寛永12年～18年(1641)
④鬼怒川と小貝川を切り離し、30キロ上流で利根川に流す。
寛永６年(1629)利根川中流域の水量確保、鬼怒川水運の利便性のためか。

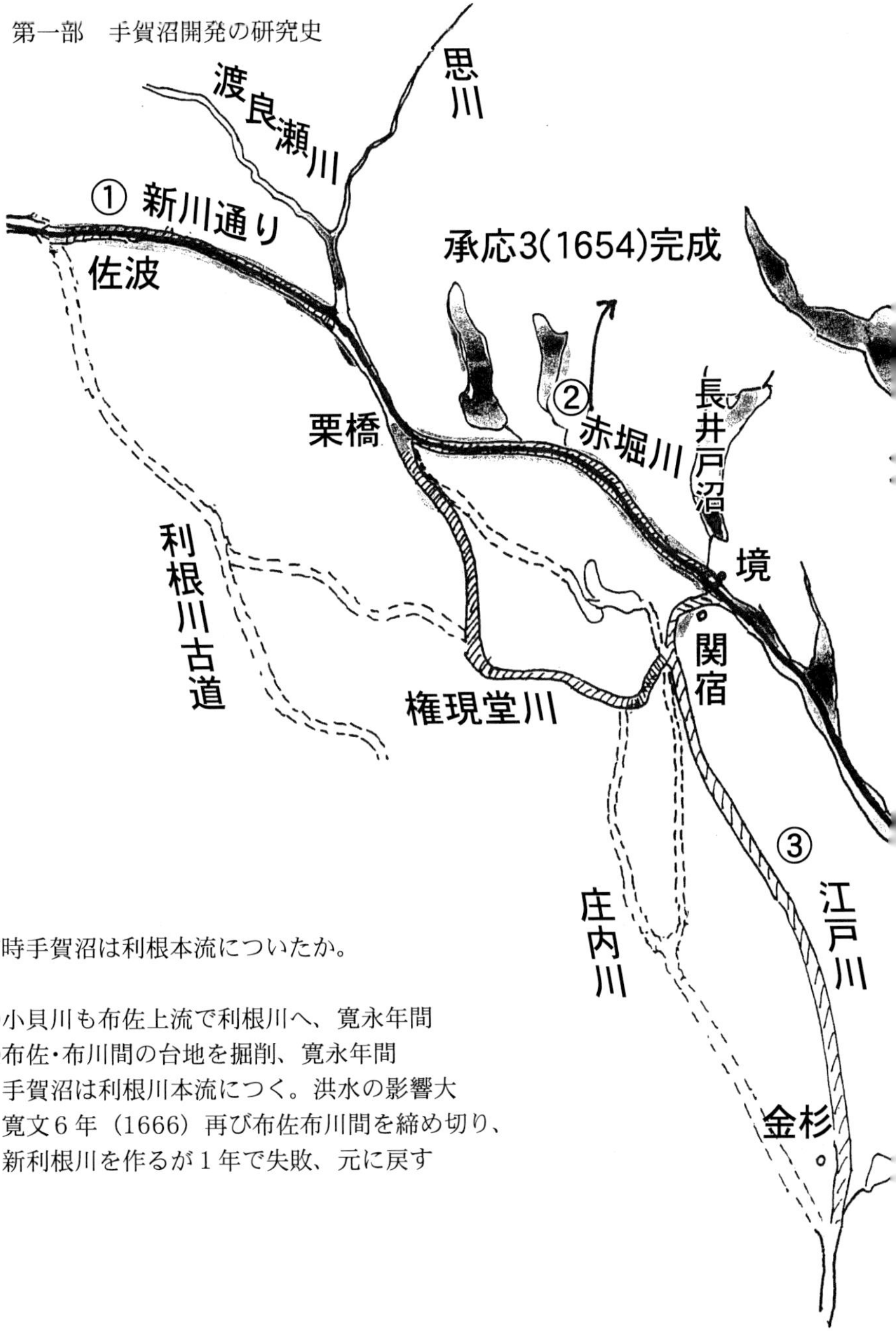

何時手賀沼は利根本流についたか。

⑤小貝川も布佐上流で利根川へ、寛永年間
⑥布佐・布川間の台地を掘削、寛永年間
　手賀沼は利根川本流につく。洪水の影響大
　寛文６年（1666）再び布佐布川間を締め切り、
　新利根川を作るが１年で失敗、元に戻す

どの大河までも利根川に集められる。

まず利根川の流れを、東側を並行して流下する渡良瀬川とつなぐため、元和七（一六二一）年に新川通りを掘削した。さらに栗橋から関宿・境まで赤堀川を掘割して、東京湾に落ちていた利根川を、分水嶺を越えて太平洋に落ちる藺沼に結んだ。この赤堀川の工事は困難を極め、三回の工事を経て承応三（一六五四）年にやっと完成したと言われる。

一方東北の会津方面からの物資の動脈である鬼怒川は、水海道の細代で小貝川と合流し、安食の対岸の藤蔵河岸で利根川に落ちていたが、合流地点で小貝川と切り離し三〇キロ上流の野田市瀬戸辺で利根川に落とした。（寛永六（一六二九）年）

これによって鬼怒川の運送距離は短縮され、併せて利根川本流中流域の水量も確保された。しかし、合流口の瀬戸河岸や、布施河岸は栄えたが、上流の境河岸と鬼怒川中流の久保田河岸などにつなぐ六カ宿は、今まで陸送されていた荷物が減り打撃を受け、布施河岸などと出入りが頻発した。

手賀沼にとって影響が大きかったのは、⑥の布川・布佐間の台地を掘削して、利根川を木下に直結したことである。この工事も寛永七年頃には出来ていたと思われるが、これには⑤の小貝川の流れを布佐の上流で利根川に落としたことと無関係ではない。高瀬舟が木下から一気に藺沼に上るには、相当の水量が必要であったと考えられるからである。

これによって手賀沼は利根川と密接な関係となり、洪水の逆流にもさらされ始める。

寛文六（一六六六）年には、利根本流を布佐の上流で再び締切、霞ヶ浦に直結する新利根川の工事が完成したが、たった一年で洪水のため失敗し元に復した。担当した代官二名は罷免された。

この失敗の直後から、江戸の商人の間でも、手賀沼の干拓を目論む人々があった。寛文十一（一六七一）年、江戸日本橋の鮮魚問屋、海野屋作兵衛をはじめ一七人の商人による干拓が始まる。

元禄期頃からは江戸人の行楽地としても人気があり、行徳河岸から半日の歩行で利根川沿いの木下河岸に着き、木下茶船で三社参り(香取・鹿島・息栖)や、銚子の磯巡りをする人も多くなった。「あお」と呼ばれた手賀沼のウナギや、鴨のつがいは江戸の粋人の好むところでもあったという。

しかし、利根川中流域の水不足は深刻で、鬼怒川流入口から関宿までは大きな高瀬船は遡行できず、平田船に積み替えることも多かった。このため瀬戸河岸や布施河岸で陸揚げし、馬の背で流山河岸や今上河岸に駄送するルートも使われる。布施河岸はこの駄送の起点として栄えた河岸である。

享保二十（一七三五）年には、小貝川の水も鬼怒川と再び細代で合流させ、利根川の野木崎地先で落そうとしたが、野木崎、目吹、三ツ堀村など一七か村の反対で実現しなかった。（布施、後藤敏家文書）三つの河川の水を集めたら、洪水の危険性が増すと考えたのであろう。

(2)「内川廻し」の水運ルートと「鮮魚街道」（なまみち）

当時外洋を船で航行する危険性はかなり高く、帆走のため風待ちで何日も港で停泊を余儀なくされた。陸送は馬の背以外になく、米なら二俵が限度である。大型の高瀬船なら一度に五〇〇俵から八〇〇俵も運べ、圧倒的に運送量に違いがあった。

このため煩雑さはあっても、安全で日数が読める川船が注目された。米五〇〇俵も積める高瀬船でも四、五人の船頭で走行でき、帆走、漕ぐ、曳くことを組み合わせて、短期間で運ぶ事が出来た。

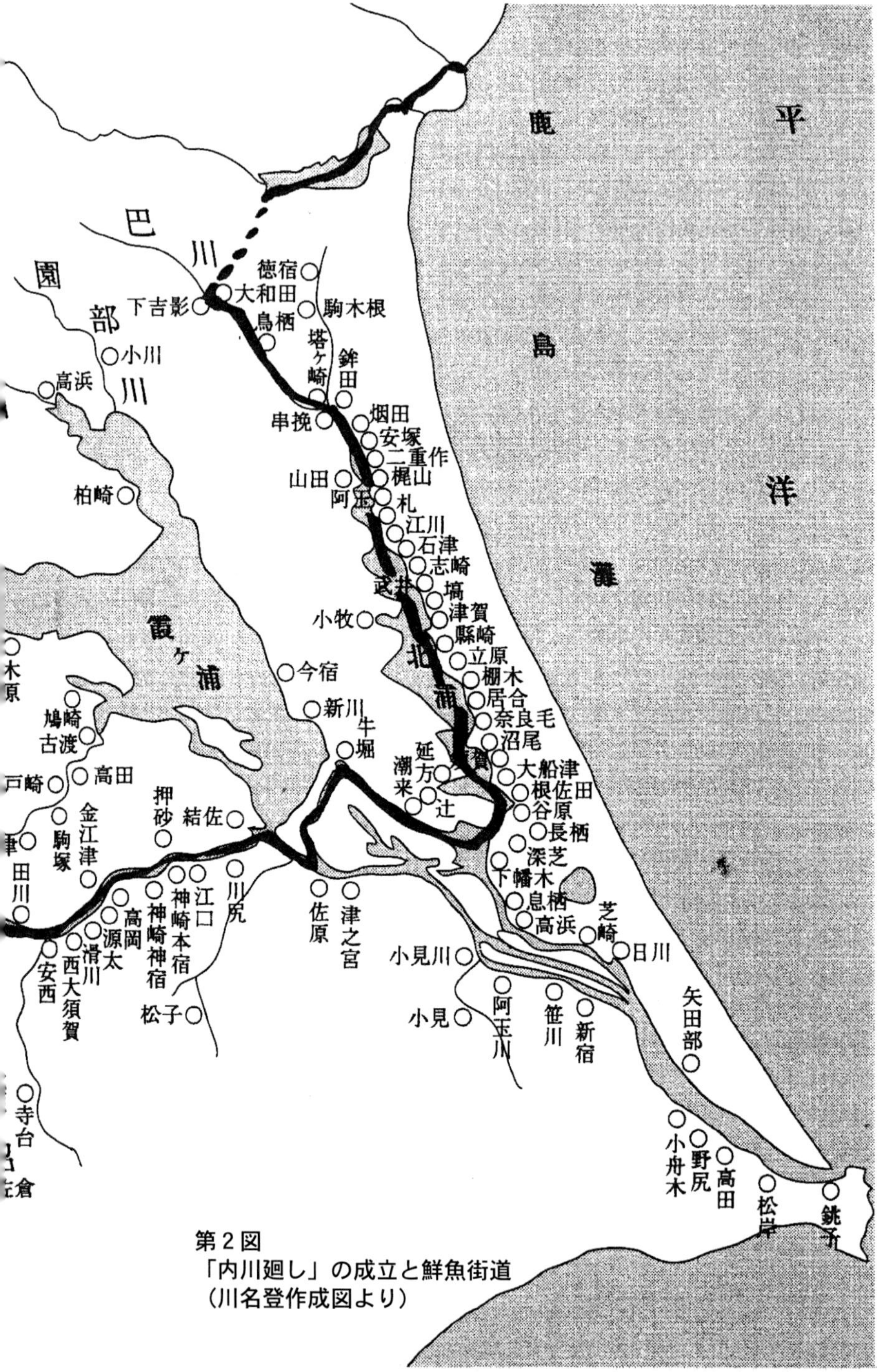

第２図
「内川廻し」の成立と鮮魚街道
（川名登作成図より）

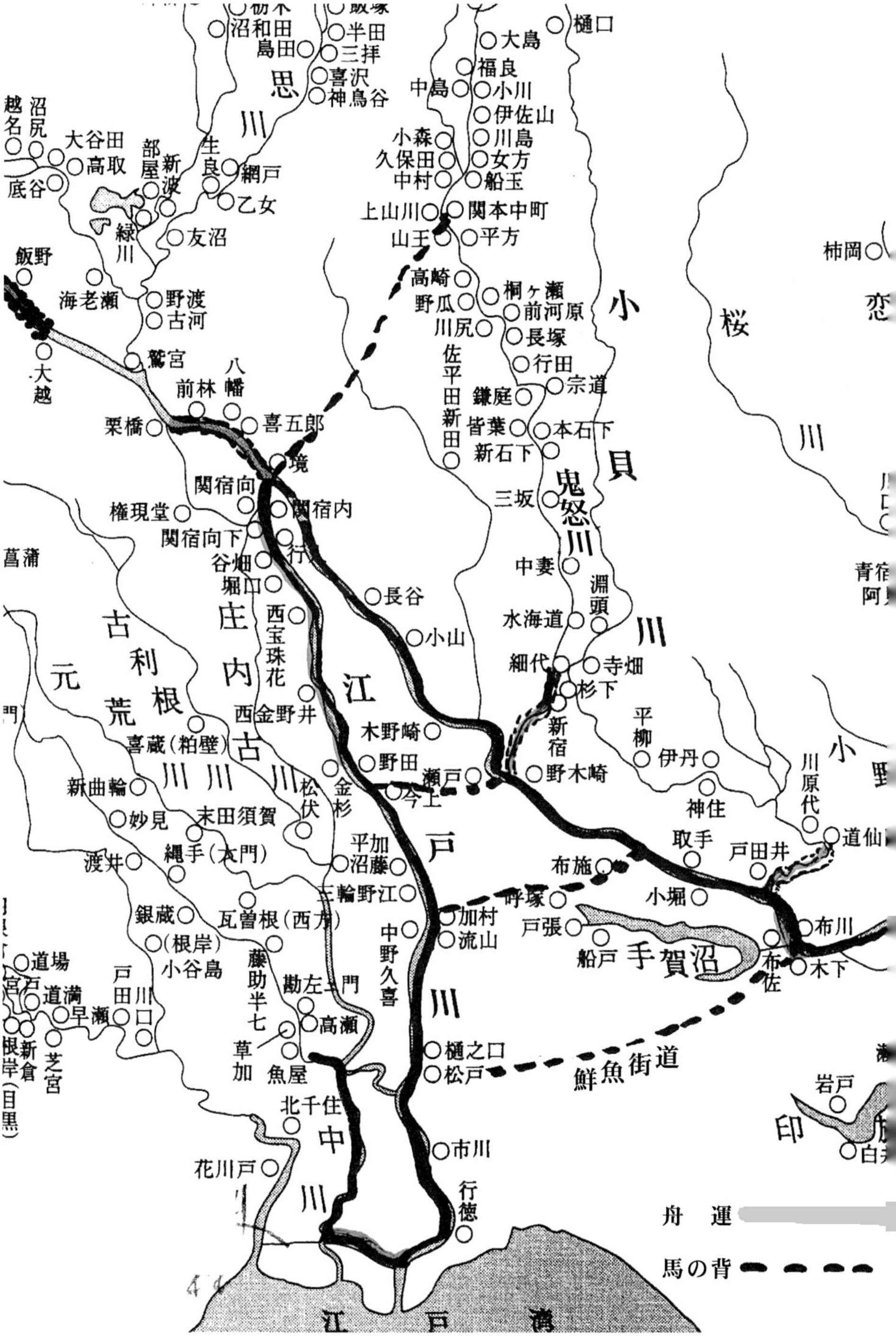
沼和田
半田
島田
三拝
喜沢
神鳥谷
思川
樋口
大島
福良
中島
小川
伊佐山
小森
川島
久保田
女方
中村
船玉
上山川
関本中町
山王
平方
越名
沼尻
大谷田
高取
底谷
部屋
新波
生良
網戸
乙女
緑川
友沼
飯野
海老瀬
野渡
古河
鷲宮
大越
前林
八幡
喜五郎
栗橋
境
関宿向
関宿内
権現堂
関宿向下
谷畑
堀口
長谷
菖蒲
西宝珠花
小山
古利根川
元荒川
庄内古川
江戸川
西金野井
喜蔵（粕壁）
木野崎
野田
瀬戸
今上
金杉
松伏
新曲輪
妙見
末田須賀
縄手（太門）
平加沼藤
渡井
三輪野江
銀蔵
瓦曽根（西方）
加村
流山
中野久喜
（根岸）小谷島
道場
宮戸
道満
戸田川口
早瀬
藤助半七
勘左ェ門
高瀬
草加
根岸（目黒）
新倉
芝宮
魚屋
北千住
中川
花川戸
樋之口
松戸
市川
行徳
江戸湾
高崎
野瓜
川尻
桐ヶ瀬
前河原
長塚
行田
宗道
佐平田新田
鎌庭
皆葉
本石下
新石下
三坂
鬼怒川
小貝川
中妻
淵頭
水海道
細代
寺畑
杉下
新宿
野木崎
平柳
伊丹
神住
取手
戸田井
川原代
道仙
布施
呼塚
小堀
戸張
船戸
手賀沼
布佐
布川
木下
鮮魚街道
岩戸
印旛
柿岡
桜川
恋
青宿
阿
小野
舟　運
馬の背

磐城平藩（内藤氏）では寛永一六（一六三九）年、参勤交代や、江戸城のお手伝い普請のため、二万俵の江戸廻米が必要となった。これを実現するため家臣の今村仁兵衛は水戸藩の了解もとりつつ、「内川廻し」のルートを承応三（一六五四）年までに完成した。

東北からの荷物や、那珂川水運で下ってきた荷物は涸沼（ひぬま）に入り、海老沢で陸揚げし、馬の背で下吉影まで継ぎ、巴川を下って北浦に入る。ここから大型の高瀬船で潮来─利根川に入り、佐原で銚子からの荷物と共に利根川を木下、関宿まで遡上する。

関宿から江戸川を下って行徳、小名木川（家康が江戸に塩を運ぶために掘った運河）を通り日本橋に至る。幕府が寛永期に精力的に実施していた利根川東遷に触発された動きであろう。

境河岸は利根川上流域の荷物より、鬼怒川水運で運ばれる東北諸藩の荷物が多く、旅人もまた日光手前の氏家辺から鬼怒川べりに出て、阿久津河岸で乗船十三里下流の久保田河岸で降りて陸路を大木、諸川、仁連、谷貝宿を経て境河岸まで歩く。

境までくればあとは夜船で寝ているうちに翌日の朝、日本橋に到着したと言う。運賃は一人二百八十八文で、安政七（一八六〇）年には年間九千六百人、明治七（一八七四）年には二万二千人の乗客があったが、これは境だけの人数で、関宿河岸でも参入し二百七〇文夕飯付きで争ったという。

境・関宿の夜船とならんで「木下と言えば、江戸にも隠れ無し」と人気のあった木下茶船は観光遊覧船で、貸切の香取・鹿島や銚子に磯巡りなどに人気があった。江戸人には、二泊三日ほどの格好の手軽な行楽で、四人乗り、八人乗りの茶船が一日二〇艘も船出したと言われる。

旅人だけでなく本職の荷物も、鮮魚荷物などは関宿まで遡上せず、途中の木下や布施河岸で陸揚

樽を積んだ高瀬舟
大きな舟になると、樽を６段も積んだと言う。(流山付近)

げし、馬の背で松戸、流山まで運び、再び船に積み替えて江戸に送る物流の道（鮮魚街道）も開けていた。

銚子周辺の海で獲られた鮮魚は、船足の速い特急便で最短十七、八時間で江戸日本橋の魚市場に並んだ。

その日の午後便か夕方銚子を出て、三人の舟子が風も利用し布佐まで漕ぎ上り、馬の背で夜でも江戸川沿いの松戸、流山河岸まで継ぎ送る。再び船に積み替えいっきに行徳、小名木川を経て隅田川を漕ぎ上り、早朝日本橋に届ける。

利根川の船頭と、問屋と馬方、そして江戸川の船頭の連携が無くては、不可能な輸送方法である。これを鮮魚街道（なまみち）と言い、船子も馬方も夜路も厭わぬ、輸送に携わる人々の心意気が感じられよう。

北浦や手賀沼のウナギは、生きたまま江戸まで運ぶため、陸送する途中で一度水につけて運んだ。旧沼南町の藤ヶ谷（松戸道）や、柏市高田（諏訪道）にはウナギの水切り場が設定されていた。

鴨はつがいで生きたまま江戸の鳥問屋に送られ、粋人の贈答用として珍重されたという。有名な江戸の鳥問屋、東国屋伊兵衛は、布瀬の香取鳥見神社の再建に一〇〇両の寄付金を出している。

江戸時代には確認されていないが、明治になると、手賀沼の自然の氷を、ムロにおが屑に包んで保存して鮮魚の輸送に使った。冬の間に日陰の田んぼで結氷させた氷を切り出し、土のムロで夏までもたせる。この氷冷社を経営したのが大井の石原さんである。今では考えられないが、手賀沼は全面結氷することがあったのである。現在のクール宅急便であろうか。

鮮魚街道（なまみち）のような物流の道は、より早く、より安くを求める荷主の要望もあり、次々に新ルートが出来、毛細血管のようにいくつものルートが張り巡らされていた。このため、河岸出入りも絶えなかったが、携わる庶民のエネルギーを抑える事は、難しかったのであろう。

Ⅱ　手賀沼干拓の歴史は、従来どのように描かれてきたか

（1）千間堤をめぐって

手賀沼には「千間堤」という幻のような堤跡が、二五〇年もの間、沼の真中に横たわっていた。布瀬（柏市）と中里（我孫子市）の間、今の浅間橋が架かる道路がほぼその堤の跡である。千間はなかったがその半分以上はあり、大きな二か所の切れ所が残り、舟も自由に通る事が出来たという。

地元布瀬に住む古老は、切れ所は深さが三メートルもあり、竿が立たなかったと話す。地図や写真を見ても確かに堤は存在したが、この堤がいかなる役割を果たしてきたか、曖昧模糊としている。

千間堤とか高田堤と呼ばれた堤の役割を、いささか過大評価してきた歴史があったのではないかと思える。それが私が手賀沼を調べ始めて、最初に抱いた疑問である。

昭和四〇年前後に始まる戦後干拓で堤はその姿を消したが、この「千間堤」が長く手賀沼干拓史の理解を妨げるネックになってきた様に思える。第一部では研究史をたどって、その伝説の出所を探っていこう。

次頁上の写真は昭和十二年、「アサヒグラフ」のカメラマンが撮ったものである。千間堤の上で鴨の仲買人たちが、猟師たちが捕えてきた鴨を買い集めている様子が撮られている。布瀬の方角を見ているが、ぐれ小屋（漁具を保管する小屋）が見える。堤はだいぶ踏まれて横幅が広く、高さは水面一メートルもない。

鴨猟は江戸時代から、当初は下沼で行われていたが、千間堤が作られ一時は上沼に移ったといわれる。しかしそれもわずかの間で、堤が切れたまま放棄されるとまた下沼に戻った。

布瀬の鳥見神社の再建の際に、江戸の鳥問屋東国屋伊兵衛が一〇〇両の寄付を寄せている石碑が残っている。

鴨猟は組合猟でだれでも自由に出来たわけではない。沼中央に流すモチ縄は布瀬村に限られ、沼周辺に張る張網の権利を持っていたのは、鳥猟場とか、反高場と呼ばれる土地の税を払っている人たちである。この土地が後の享保請地と呼ばれ、手賀沼干拓に深くかかわってくる土地である。

鴨猟は冬の間だけ行われ、ひと冬に二〇〇〇羽も出荷されたが、この鴨たちが幻の千間堤の生き証人だったように思える。写真から千間堤の実際の姿が窺われるが、特にその高さを記憶にとどめ

無用となった干間堤跡で鴨の仲買人が集った（昭和12年「アサヒグラフ」撮影　堀内讃位）

浅間橋より湖北方面（干間堤跡にできた道路）

ておいて欲しい。

それではまず、なぜ江戸時代から手賀沼干拓の歴史は、間違って伝えられてきたか、その研究史をふまえて見ていきたい。

できる限り、写真や絵図、図表などビジュアル的に見やすい史料を使って、手賀沼干拓の歴史を検討していくつもりあるが、歴史と伝説を峻別していこうとすれば、どうしても多くの史料をあげざるを得ない。煩わしいと思う人は、史料は飛ばし読みして、本文だけでも分るように努力していきたい。史料が必要なひとには。振り返って傍線の部分だけでも見ていただければ幸いである。

（2）享保期手賀沼干拓の歴史

千間堤が「無用の長物」だったのか、あるいは新田開発の象徴だったのか、まずはこの点をはっきりさせていきたい。今なお沼周辺の市町村史には、千間堤の幻を背負っている記述が多いからである。たとえば『柏市史』の通史に次のように記述されている。

「享保十二年、手賀沼の二度目の干拓が開始された。幕府は勘定吟味役の井澤弥惣兵衛為永に手賀沼の開発を計画させ、紀伊国出身といわれる江戸町人の高田茂右衛門友清に出資を命じた。

干拓工事はまず、手賀沼を二分する締切堤を築くことから始まった。（中略）この締切堤がよく知られている千間堤で、高田友清の功を伝えて高田堤ともいった。

干拓工事は享保十四年十二月に竣工し、同十五年から翌年にかけて検地が行われ、一五〇〇石余りが高請された。この干拓によって下沼の新田は大いに拡張され、三九か村新田が成立したのである。

しかし、一〇年後の元文三（一七三八）年の洪水により、千間堤は決壊して、開発されたばかりの下沼の新田は大きな被害を受けた。翌四年に再び井澤為永の設計に基づいて排水工事が着手され、延享二（一七四五）年に水路の新設、付け替え、圦樋《いりひ》の設置などの完成をみたが、またも洪水のためにこれらの施設は無残にも破壊されたのである。」


『我孫子市史』にも、ほとんど同じような記述がある。これは「手賀沼沿革史」によると記されているように、明治四三年に出された植村国治の著作に多くをよっているからである。これが手賀沼の享保期開発の一般的な解釈として定着してしまったように思える。大正期の『東葛飾郡誌』にも明治期の「手賀沼沿革史」にも、近世後期の「吉岡家旧記」にも同じような記述があり、現在の市史などもその影響を脱してはいないように見える。

さらに言えば江戸時代の『利根川図志』や『相馬日記』など、木版や活版で印刷された著作にはすべてに、享保期の手賀沼開発として描かれている内容である。

この記述を検討するのは一部、二部を通して行っていくが、簡単に疑問点だけ指摘しておきたい。
（1）千間堤は、当初からまったく役に立たなかったのではないか。手賀沼の洪水は利根川の水位が上がれば、圦樋を閉じるので、下流（木下）からあふれてくる。利根川の堤か、圦樋が破壊されれば、洪水は一気に下流から手賀沼にあふれる。

（2）享保十九年の洪水で堤は「惣越し」となったというが（印西市・岩井家史料）、堤が水の中に沈んで水が引いてみたら壊れていたという事で、写真で見たような沼中央のこの堤で、水深三メートルにもなる手賀沼の洪水を止めるすべはない。

（3）享保一四年に堤の工事が竣工して、翌十五年に検地が出来、一五〇〇石もの新田が高入れ出来ることはありえない。これは六〇年前の古新田の検地で、享保期に千間堤によって出来た新田は、最初から皆無だったのではないか。

（4）元文三年の洪水で千間堤が決壊して以降、手賀沼新田は壊滅して、消えてしまったというが、一五〇〇石の新田は、どこへ行ってしまったか。当時から発作新田村も、相島新田村も現在に至るまで厳然と存続し新田地を守っている。

（5）井澤為永は元文三年に死去しているので、これは息子の楠之丞であろう。現代の著者でも間違う親子混同を、江戸時代の人たちもやったのではないか。つまり初代弥惣兵衛は手賀沼には直接関わっていないのではないか。

後世に書かれたものでなく、少ないながら同時代史料を駆使して記述すれば、享保期の状況はまったく別の記述となる。第二部でこの点は詳しく検討するが、さしあたり第一部では研究史を追って、いつどこで間違えてきたかを見ていこう。

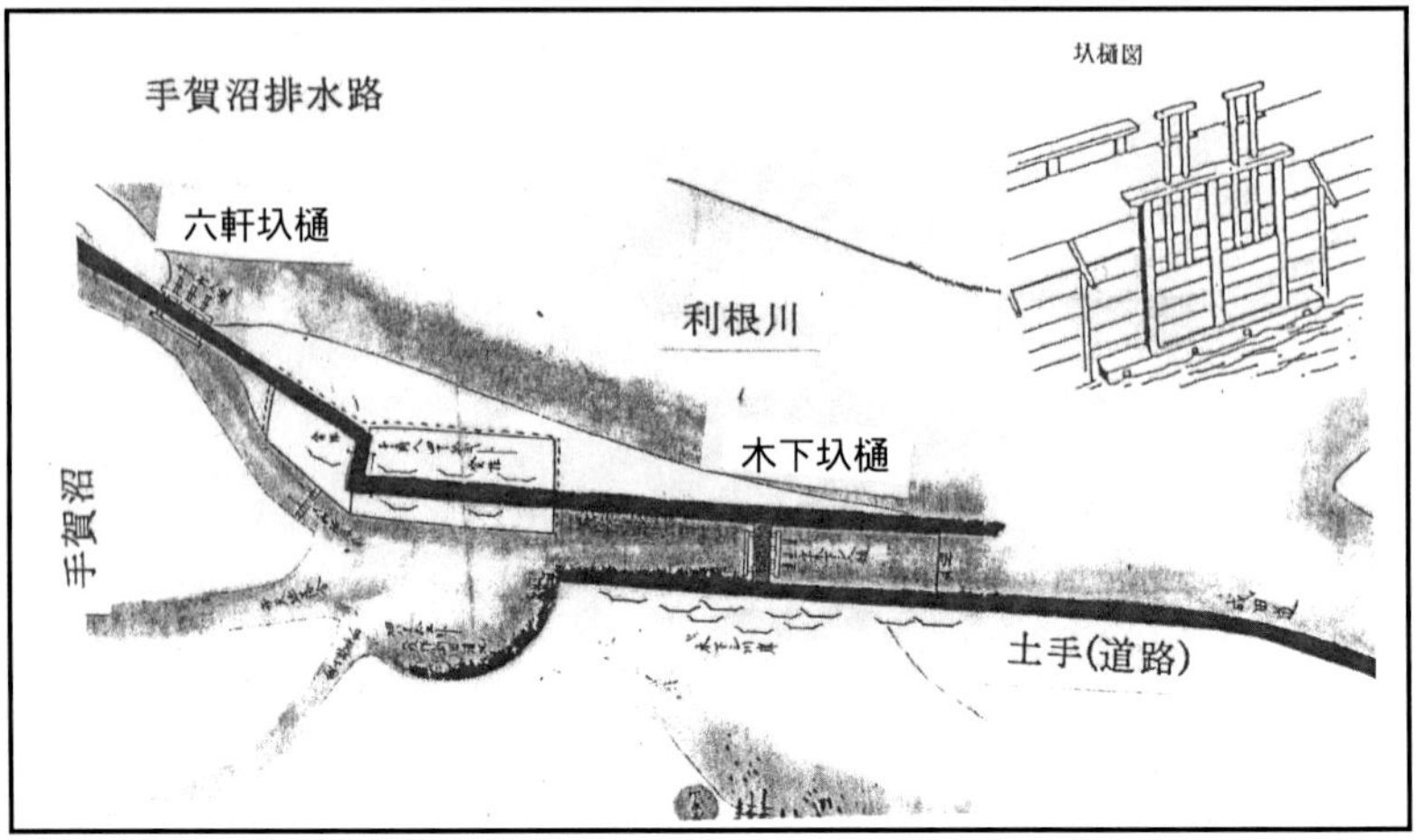

第3図　手賀沼排水路と圦樋（イリヒ）図

（3）圦樋による排水と手賀沼の洪水

手賀沼干拓のアキレス腱は、その排水の困難さにあった。中世から近世初頭まで手賀沼は、香取の海の最奥端の入り江であり高瀬船も沼内までさかのぼり、平塚河岸や戸張河岸が機能していた。

それは銚子の海面からわずか二・五メートルの標高差しかなかったという事である。具体的に言えばその弱点とは、利根川に水を落とす数個の「圦樋」という事になる。

第3図を見てみよう。利根川東遷によってその氾濫原となった手賀沼は、干拓しようとすれば堤を作って、圦樋による自然排水しかない。利根川の洪水は浅間山が爆発した天明期以降、川床が上がり洪水の際五メートルから七メートルくらいに上昇し、Y・P二・五メートルの手賀沼の水位と逆転する。

圦樋とは図の右上にあるような木製の枠で、通常は戸を開いて排水し、利根川が洪水で水位が上がれば戸を閉じて逆流を防ぐ。図の中の「六軒圦樋」と「木下圦樋」の二か所に埋め込まれていたが、古くなったり大洪水などで、一〇年に一度位の間隔で破壊されている。圦樋が抜ければ、堤も崩壊して沼は大きな洪水に飲み込まれる。
元禄元年（一六八八）六軒圦樋決壊、沼洪水
同十三年（一七〇〇）六軒圦樋決壊
正徳二年（一七一二）手賀沼築留圦樋堤防決壊
享保八年（一七二三）同圦樋決壊、手賀沼満水
享保十九（一七三四）年、手賀沼洪水、千間堤破壊
元文三年（一七三八）手賀沼洪水
破壊されなくても、利根川の水位が下がるまで数日間は圦樋は閉じられ、沼の内水氾濫は一年に数回はあった。
筆者も沼の洪水は何回も経験している。水位は三メートルも上がり、沼面積は三倍にも膨張し、大津川の上流、中の橋の上まで一面が海のように広がった。
そのような状態が数日続き、圦樋が解放されて水が引くと田んぼにコイやフナがたくさん取り残されて、子供たちは大喜びだった。
機械排水による戦後干拓が成功するまで、洪水は続いた。圦樋は高さ一間、横二間、長さは土手の幅で五間もあり、建て替えには三〇〇両も掛り、文字どうり圦樋がアキレス腱となっていたのである。沼水面の上わずか一メートル程の千間堤が、手賀沼の洪水にはまったく機能しなかったことが理解できよう。
江戸・東京からわずか三〇キロ圏内の手賀沼は、江戸に物資を運ぶ内陸水運のかなめに位置し、

江戸時代から絶えず江戸の商人など開発願人が後を絶たなかった。

手賀沼開発の困難さはこの排水にあったといえるが、挑んでは失敗し続けた開発の跡と、その困難さのゆえに作り上げられた、手賀沼開発の虚像と実像を描き出すことが第一部の課題となる。

手賀沼干拓にかかわって、「井澤伝説」がいつどのように形成されてきたか、千間堤が築造された享保期開発が誤って伝えられてきたことを立証していきたい。

（4）『東葛飾郡誌』の功罪　幻の「千間堤出入り」

手賀沼の歴史を研究しようとして最初に手にするのは『東葛飾郡誌』であろう。大正一二年に刊行された、二四三六ページにも及ぶ大部である。史料も集めたもので多方面の歴史を記述している。郡教育会が編纂したもので大正一二年当時の大陸進出盛んな頃の国家史観が強く、史料批判が非常に甘い。小谷部全一郎の「ジンギスカンは義経なり」という本がベストセラーになった当時としては、伝説と史実の峻別は無理だったことは否めない。思い違いというより、ほとんど歴史の創作に近い記述まで現れる。

この『郡誌』の中の「手賀沼鳥猟場来歴」に「千間堤出入り」の記述がある。


「享保一二年（一七二七）主務官井澤弥惣平、普請掛官高田氏の千間堤を普請し下沼開墾せしより、之を井澤開墾と云う。堤を高田堤と云へり。」とありそれに続いて、

「元文五（一七四〇）申年八月一五日夜、村々人足三五〇〇余人の人々二手にわかれて、一手

は相馬郡布施村（布瀬か）宮下に集中し、一手は相馬郡沖田村の下に集中し、相馬郡中里村の荷へ塚山にノロセを置き、之を合図として一時に猛烈なる勇勢にて千間堤を破壊されたり。遂に四〇尺余の切れ所となれり。下沼開墾は追々廃田となり、鳥猟場は又下沼となれり。

（『東葛飾郡誌』、大正一二年）」

要約すれば、「手賀沼は井澤弥惣平の担当した享保期の新田開発で一旦は成功したが、元文五年八月十五日夜、上沼と下沼沿岸の農民三千人余が争って破壊した。」というものである。井澤は吉宗が紀州から江戸に連れてきた地方巧者として有名な人である。この「井澤伝説」と「千間堤人為的破壊伝説」が長く手賀沼開発史が誤って理解されてきた原因となっていた。まずはこの二つの伝説を検討してみよう。

厄介な「井澤伝説」は後回しにして、後者からそれがまったくあり得ない事であった事を立証していこう。

享保十二、三年に、手賀沼の下流の下沼を根こそぎ開墾しようとして、高田氏による千間堤が築きはじめたことは確かである。同十四年に竣工したこの堤は、布瀬村から我孫子市沖田村下まで約一キロ余もあり、中央二か所でキレ所はあったが、戦後まではっきり見て取れた。

元文五年（三年）八月一五日の夜、三五〇〇人余の人足が二手に分かれて、荷へ塚（荷ない塚）の狼煙(のろし)を合図にいっきに堤を壊したという。話としては面白いが、これは『東葛飾郡誌』以外にはどこにも出てこない。

手賀沼周辺の史料を探してもまったくみあたらず、『郡誌』の作者の創作であろう。筆者も沿岸

『東葛飾郡誌』大正12年刊(2436頁)
『印西町史』木下河岸問屋吉岡家旧記を載せる

の古老からあらしの夜のことで死人も出た事件として、この話は幾度も聞いている。

これが「幻の出入り」といえる理由を次に述べる。

①千間堤は、すでに築堤後わずか五年、享保十九年の洪水で切れて機能していなかった。第二部で掲載するが、印西市の岩井啓治家史料に「当年ハ別而大洪水ニ而、千間堤並ニ廻し堤惣越ニテ、数ケ所押切レ・・・」と述べ、自普請などではとても無理で、修復するなら御普請でやって欲しいと願い出ている。以後修復した形跡もない。

②洪水は、下流からもやってきた。利根川は洪水になると水位が四，五メートルは容易に上昇し、圦樋は逆流を防ぐため水門を閉じる。数日間は開けられぬため沼は内水氾濫で下流の木下側から水があふれて千間堤は水没してしまった。もちろん大津川、大堀川など上流からの氾濫もあり、両面から洗われる。つまり千間堤は洪水のときも役に立たないのである。

③千間堤を挟んで、上沼沿岸の農民と下沼沿岸の農民の利害は完全に一致していた。争う理由はなかったのである。堤を作っているその時享保十三年と、堤が決壊した直後享保十九年に新田村々は上下沼一緒になって手賀沼から東京湾への運河掘削を要求している。

千間堤が役に立たないことは地元の農民は知っていたわけである。

布佐町、人家の軒下まで水に沈む

沼の上流呼塚の水戸街道の橋も沈んだ

④排水路をめぐる争いは、新田三十九か村と利根川への落とし口木下河岸・竹袋村との出入りと混同していた。宝暦から天保時代にかけて実際に争われた出入りは、千間堤とまったく関係ない、もっと下流の利根川落とし口の、木下河岸の茶船の係留をめぐる水行出入りの争いだった。この水行出入りについては後に詳しく検討する。

写真の洪水の姿を見ると、通常の沼水面から一メートル余の堤など、簡単に水没してしまうことは理解できると思う。

前掲の鴨猟の写真に写る千間堤は水面から高々一メートルほどの高さしかない。この洪水で堤など水の下に沈んだことは間違いない。堤は上下双方からの洪水でたちまち破壊され、修復などとても無理なことは誰にでもわかったであろう。築堤からわずか四年しかもたなかった。

千間堤をつくって下沼の新田開発を計画した高田氏にも、一回の洪水で失敗したことを理解できたはずで、新田地主となる道を阻まれて江戸に戻ってしまった。

紀州から江戸に出、手賀沼干拓に夢を託した高田氏の目論見は外れたとしか言いようはない。しかし、この高田氏の子孫にこの後、有名な学者が相ついで輩出する。

（5）高田与清の『相馬日記』と赤松宗旦の「利根川図志」

享保干拓から九〇年後、文化一四年（一八一七）高田氏の子孫高田与清は、江戸時代後期の学者で自身の著作『相馬日記』に次のように描いている。

「享保一三年という年に、吾とおつ親の友清の翁、いさおしき心をおこし、千万金をすてて堤を築成れしがゆえに、二万石余の新田ひらけしといふ。
《つきなせし手賀沼堤つつむとも、いさを　たかたの名やはかくるる》」

二万石はおろか、千間堤によって出来た新田は皆無だったと考えられるが、既に当時「井澤伝説」は出来上がっており、自身の祖先の功績を信じたかったのであろう。その後半世紀以上を経て、文部大臣も勤めた高田早苗博士もその子孫で、沼畔の手賀村の人たちは時の文部大臣に手賀東小学校校門の揮毫を頼みに上京した。

博士は喜んでその求めに答えたという。沼畔の農民もまた、手賀沼干拓の功績が高田氏にあっても無くても気にもせず、時の文部大臣のところに走ったものであろう。

高田堤伝説をより決定づけたのは、『北越雪譜』と並んで江戸時代の二大地誌と言われる『利根川図志』である。著者・赤松宗旦も『利根川図志』に相馬日記を無批判に引用し、次のように書いている。

「享保十三年高田友清といふ人、家財を捨て堤を築きて二万石余の新田を開きしゆえ、そこを高田堤といふ由を高田与清が松尾叢書等、何くれの著書に載せて、殊に相馬日記第三に
《つきなせし手賀沼堤つつむとも、いさを高田の名やハかくるる》源与清
という詠歌さへ出したれど、若しハこの浅間堤ならむ」

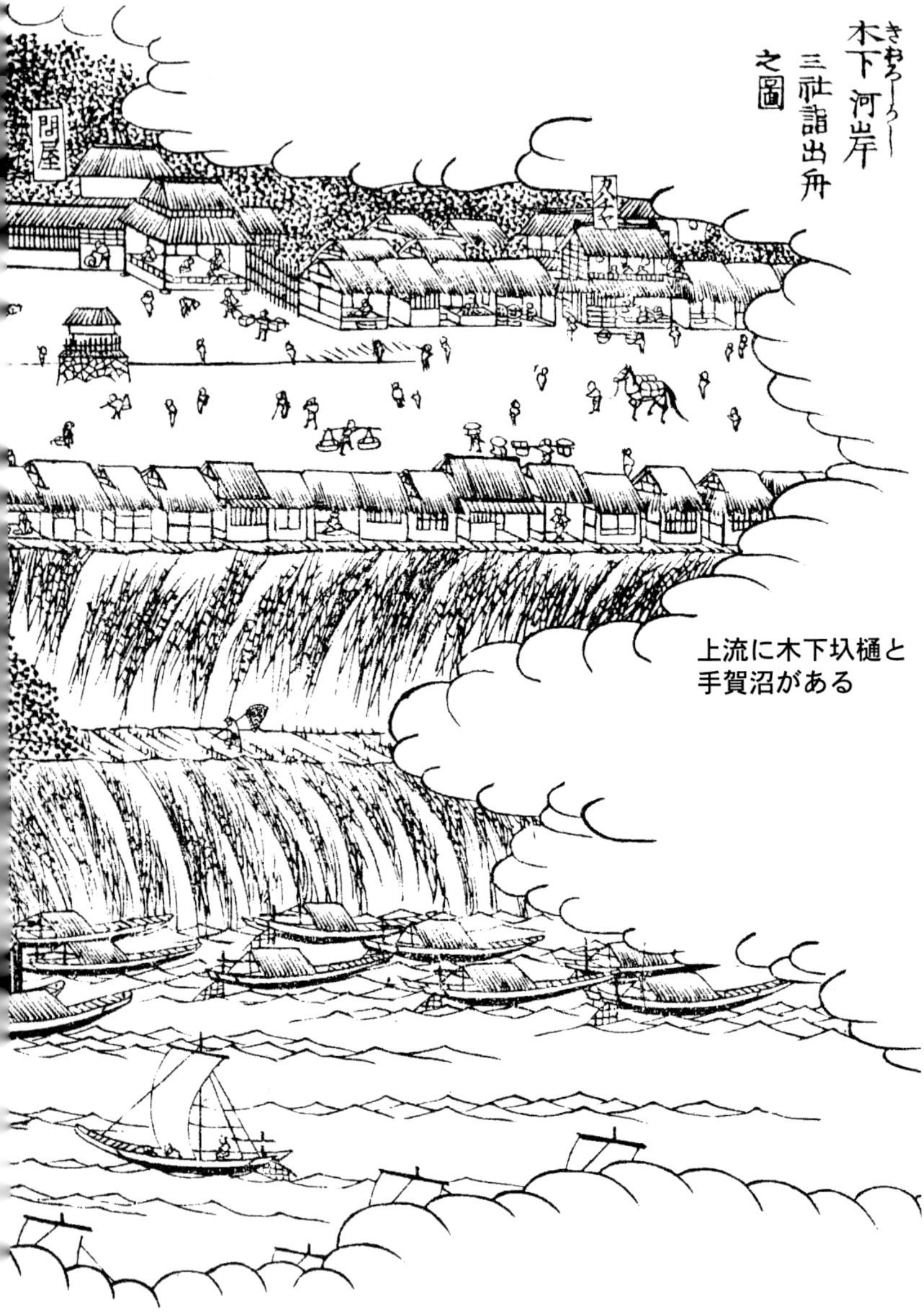

第４図　木下河岸図（『利根川図志』より）

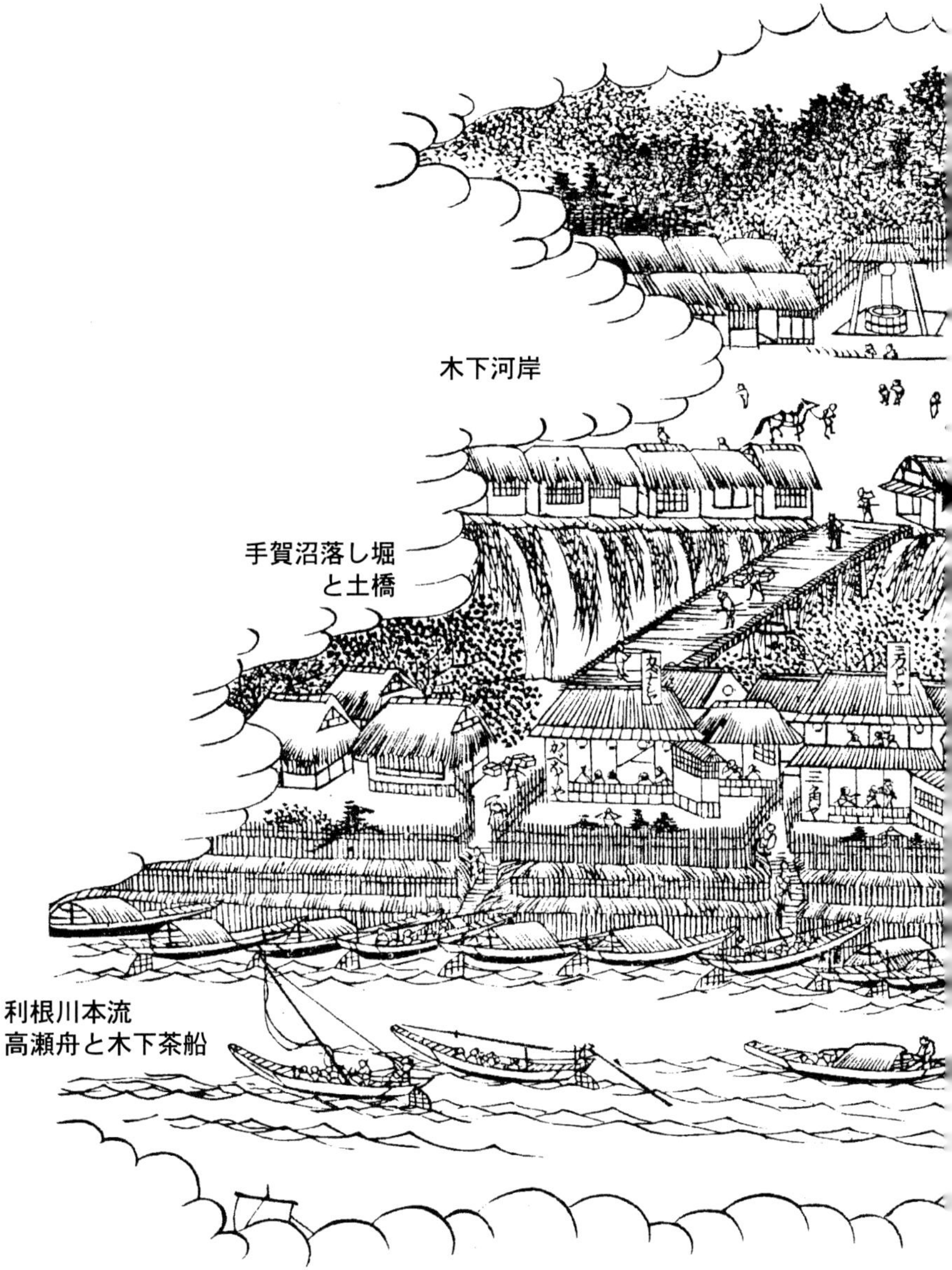
木下河岸
手賀沼落し堀
と土橋
利根川本流
高瀬舟と木下茶船

安政四（一八五七）年、木版刷りで出版された『利根川図志』にも紹介された千間堤は、ますます有名になり、高田堤伝説としてよみがえった。

第4図は『利根川図志』の木下河岸図である。手前側が利根川本流で、高瀬船や茶船がたくさん係留され、また発着している様子が分る。河岸場と一番上側の木下の街並みの間に、土橋が架かっているのが見える。この堀が問題の、手賀沼落し堀である。

この右側上流に木下圦樋設置され、さらにその二キロほど上流に手賀沼がある。竹袋村の玄関口の河岸場が、この排水路によって分断されており、両側の土手の上には家並が連なっている。手賀沼新田村々と、木下河岸の水行出入の原因はここにあった。

（6）明治四三年の最初の手賀沼研究史　植村国冶「手賀沼沿革史」

明治二十三年の洪水で六軒圦樋が破壊される姿に直面した、近世初期からの干拓商人の子孫でもあった植村氏は、組合の堤防取締りの職にもあった関係で、手賀沼来歴の研究に取り掛かった。

「沿革史」は新田関係者の証言でもあり、箇条書きに整理され使いやすいこともあり、明治四十三年当初はガリ版刷り五〇部のみの刊行であったが、昭和九年には活字化されたこともあって多くの後の研究者に使われてきた。『東葛飾郡誌』の記述はほとんど、この著作によっている。

植村氏の沿革史は、明治以降の詳細かつ正確な記述であるのにくらべて、近世の記述には印西市の河岸問屋「吉岡家旧記」など手に入れやすい後の史料によるところも多く、特に享保期の「井澤開墾」については従来の『利根川図志』や「吉岡家旧記」と同じで誤解も多い。享保期の記述を見ていこう。

「手賀沼沿革史」
「一享保十二年未年手賀沼新田再開墾は、当時其道に名声ありし主任官井澤弥惣兵の起工にして、手賀沼の地形は上流深く下流浅く地高なれば、全沼同時に開拓せんとするは不利なるを以て、第一着手として下沼を開墾し後年上沼を開拓せんとするの計画を樹て…」
「一享保十五、十六両年に於いて手賀沼新田検地高入当時奉行箕播磨守勘定役組頭小出嘉兵衛八木清五郎其他諸役出張せられ、高入れ総高千五百石余にして村数三十九ケ新田なり。」
「一元文三午年沼水大に横溢して、字千間堤破壊して下沼開墾は享保十四年より元文三年に至る十箇年にして亡滅に帰したり。今に残る千間堤は其の遺跡なり。」

「沿革史」によれば、「幕府の地方巧者として名声のあった井澤が起工し、享保十四年に竣工し下沼開墾は大いに拡張した。翌享保十五、十六年に検地、総高千五百石の新田が出来た。しかし元文三年の洪水で千間堤は破壊され新田も亡滅に帰した。」ということになる。さすがに千間堤の人為的破壊説は載っていない。

『東葛飾郡誌』はほぼこの記述を引用しており、後の研究者もこの記述を基本として理解し、記述してきた。『柏市史』、『我孫子市史』の記述もこの「沿革史」の影響を脱してはいない。

千間堤が竣工した翌年にはたして検地が可能か、疑問に思った人もいたと思うが、現に検地帳も存在しており、新田そのものもあったし、覆すことは出来なかった。

堤は元文三年を待たずに、実際は享保十九年に破壊され、以後修復を試みた形跡はまったくないことは前にも述べた。

そしてより大切なことは、一五〇〇石の新田高入れは享保期の開発の成果ではありえないと言う事である。ではいつの開発の成果か。

詳細とその立証は第二部で検討するが、ここでは簡単に結論だけを出しておこう。

写真は発作村の享保十五年の検地帳の表紙である。

「手賀沼古新田之内」
下総国印旛郡発作新田検地帳
藤左衛門組」

享保15年検地帳

とあり、手賀沼の古い新田だとわざわざ断っている。

六〇年以前、海野屋作兵衛ら十七人の江戸の商人が開いた最初の寛文期の手賀沼新田が、やっとこの期に検地高入れが出来たものである。

従来、寛文期の新田は十年の鍬下年季を経て、天和二（一六八二）年に検地高入れされたといわれてきた。「沿革史」にもこの時の記述がある。

「天和二年　天和元酉年季明に至り翌年十一月租税割賦せらる。
段高請段別弐百九十八町五反弐拾六歩　印旛郡手賀沼新田内田反別
内　田反別百九十九町九反三畝弐拾九歩
　畑埜地反別九拾八町五反六畝拾七歩
納合　米　百弐拾弐石七斗一升弐合
　永　弐拾壱貫百九十文　八木仁兵衛
天和二年戌年十一月　守谷助治郎」

とある。最初の「段高請」の段高（たんだか）の意味が分らなかったものであろう。「段高」とはまだ耕地になっていない開発途中の荒れ地や秣場をさし、税も非常に安い土地である。手賀沼でいえば沼周辺の葦が生えているような土地をさす。したがって税も格段に安いことがわかる。それでも十年を経て「見付田」として収穫ありそうな土地は米で税をとった。それが百二十二石と永二十一貫文である。これはまだ検地とは言わない。

この寛文期の開発になる新田は、反高請の検地しかできず六〇年後にやっと正式な検地となったわけである。鍬下六〇年などという新田はめったにあるものではない。それだけ排水が困難で手賀沼の開発は困難を極めたともいえる。

享保十六年にも検地を受けた新田の、さらに沼側の土地を反高場として見取り検地をおこなっている。当時はまだ水内地所として耕地化されていない土地である。天和二年の「段高請」もこれと同じである。

つまり享保期の手賀沼開発とは、商人資本に期待して千間堤をつくらせて開発を試みたが、見事に失敗して一坪の土地さえ開けなかった。幕府としては、この時期に合わせて古新田の検地をやったことと、翌年の沼水内地所の反高場検地を実施しただけに終わったものと言えよう。天和の検地帳は一冊も発見されていないのは、検地そのものが出来なかったからである。

もう一点検地が出来ていなかった証拠を上げる。次にあげる史料は天和二年からさらに七年後、元禄二年（一六八九）江戸から移住した商人村田屋嘉兵衛の新田買券状である。

手形之事

一下総国手賀沼新田之義、去秋中満水ニ付当春所々普請大分ニ出来申候、然者貴殿内々新田御届ニ候間普請金三拾両只今請取、其替りニ拙者支配新田場之内、発作村之屋敷表間口五拾五間、沼行所並、同所川通田弐反歩亀成田畑三反歩、大列間口百間、沼行御新田並、〆四ケ所相渡申所実正也、後々末々迄支配可被成候、然上者年々御年貢者不及申諸事所並ニ御勤可被成候、此地面ニ付何方より茂構無御座候、

為後日依而如件

元禄弐己巳閏正月廿一日　　田地主　植村三郎兵衛

加　判　海野藤左衛門

村田加兵衛殿

通常土地の売り買いには、検地帳の通り「字何処　下田何反何畝歩」と必ず記載される。土地の売り買いに「間口一〇〇間、奥行き沼並」などと表記するのは、いまだ検地を受けていない証拠である。値段も一〇分の一程度で安い。村田屋嘉兵衛はまだ検地を受けていない未耕地の土地およそ十数町歩を三〇両で買って、新田地に入ってきた伊勢出身の商人であった。

寛文期に始まった海野屋等の手賀沼新田は、元禄二年の段階でも検地はまだ受けていない。この新田が検地を受けたのが、六〇年後の享保十五年あったのである。だとすれば享保期の千間堤を築いて出来た新田はどこにも見当たらない。

この実体のない開発を井澤弥惣兵衛の計画と言えば噴飯もので、井澤がかわいそうである。

ここまでで分ったことは、千間堤が人為的に壊される理由もなく、自然の力で壊れたのであり、たとえ壊れなくとも下沼開墾は不可能であったことは推測できる。それは内水氾濫や洪水のたびに水は下流の木下側からも押し寄せ、上下双方から洗われ為す術はなかった。

新利根川と同様、当初から無用の長物であったのである。享保の開発で高入れ出来たという一五〇〇石の新田は、「古新田」で六〇年以前の海野屋等の新田を検地したものであったこと。

以上二点については御理解いただけたと思う。

つぎに少し厄介な、井澤伝説がなぜ待望され作られてきたか、検討してみよう。

「手賀沼沿革史」の著者植村国治は地方の若干の史料と、隣村竹袋村の河岸問屋「吉岡家旧記」や地元に残る後世の史料に依って記述していると思われる。享保期の同時代史料までは探せず、比較的後代の宝暦期以降の手に入れやすい史料によって記述している。

（7）「吉岡家旧記」と地元史料（後世）による井澤伝説の形成

河岸問屋経営の必要性から、木下河岸や手賀沼にかかわる史料を自分なりに集めて書かれた個人的な著述である。安永六（一七七七）年，七年ころまでの記載がありこの時期に書かれたものか。三冊あって項目を付けて分類している。井澤に関する記述を拾ってみる。

旧記二（印西市　吉岡家文書）

「一享保十一午年井澤弥惣兵衛様、戸倉新重郎様堤御普請新田方ニ被仰付，同七月御見分有之候

一同十二未年伊沢弥惣兵衛様御掛りニ而御普請有之候一件此訳手賀沼新田御取立ニ付、沼内ニ而千間堤ヲ築立・・・

一此度御奉行伊沢弥惣兵衛様御普請役大河内長兵衛様長山伊兵衛様。

旧記の作者が何を見てこの記述をしているか分らないが、「旧記」が成立する安永期頃には井澤が手賀沼開墾を計画したという記述が定着していたようである。しかしこの記事でも井澤と戸倉両名が、御普請新田方になったのは事実としても、手賀沼に見分に来たとは限らない。印旛沼なら当時東京湾への運河計画もあり、来た可能性はある。

二項目では伊沢の手賀沼御普請、千間堤にも関わったとはっきり書いてある。三項目では直接この度の係りは、普請役の大河内長兵衛と長山伊兵衛とある。井澤は当時勘定吟味役格、勘定所のエリート役人(旗本)である。普請役の二人は当時百人以上いた勘定所の下役(御家人)である。手賀沼か

ら東京湾に運河をかけるという大掛かりな工事なら、井澤の出番であるが、この程度の新田開発の監督では、普請役が担当するのが普通であった。

地方（じかた）史料による井澤伝説の形成

井澤が手賀沼開発の計画を担当したとする同時代史料はない。地元農民が東京湾に運河を掘ってくれという大それた構想のもとに、幕府の担当者井澤にあてた願書は、相島新田の井上家に残されている。しかし井澤がこの願書を受け取った確証もなく、手賀沼に見分に来た証拠もない。

井澤が関与したという最初の史料は、井澤の死後十三年後の元文四（一七三九）年、今井新田の百姓らが名主の不正を訴えた史料の中に出てくる。

「十三年以前未之年井澤弥惣兵衛様手賀沼新々田取立候節、十町七反余村中江被下、」と言う記述があるだけだが、実はこの願書のあて先が息子の「井澤楠之丞様御役所」にあてたものである。

この史料が出された前年、初代井澤は死去して、息子の楠之丞が二代目弥惣兵衛を名乗り新田方に任命され、手賀沼もその管轄に入った。親の先代も手賀沼新田方と勘違いしたか、あるいは単なるリップサービスからか、手賀沼新々田取立ても井澤弥惣兵衛がやったと書いてしまったものであろう。十三年前というのは微妙な間隔だが、「貴方のお父さんから貰った土地だよ」と言って自分たちに有利に土地争いを導こうとしたものか。

地方の史料で井澤開墾が出てくるのは宝暦期以降の史料が多い。宝暦四年の洪水によって、手賀沼三九か村と利根川への排水口の木下河岸竹袋村の間に、水行出入りが始まる。相島新田の井上佐

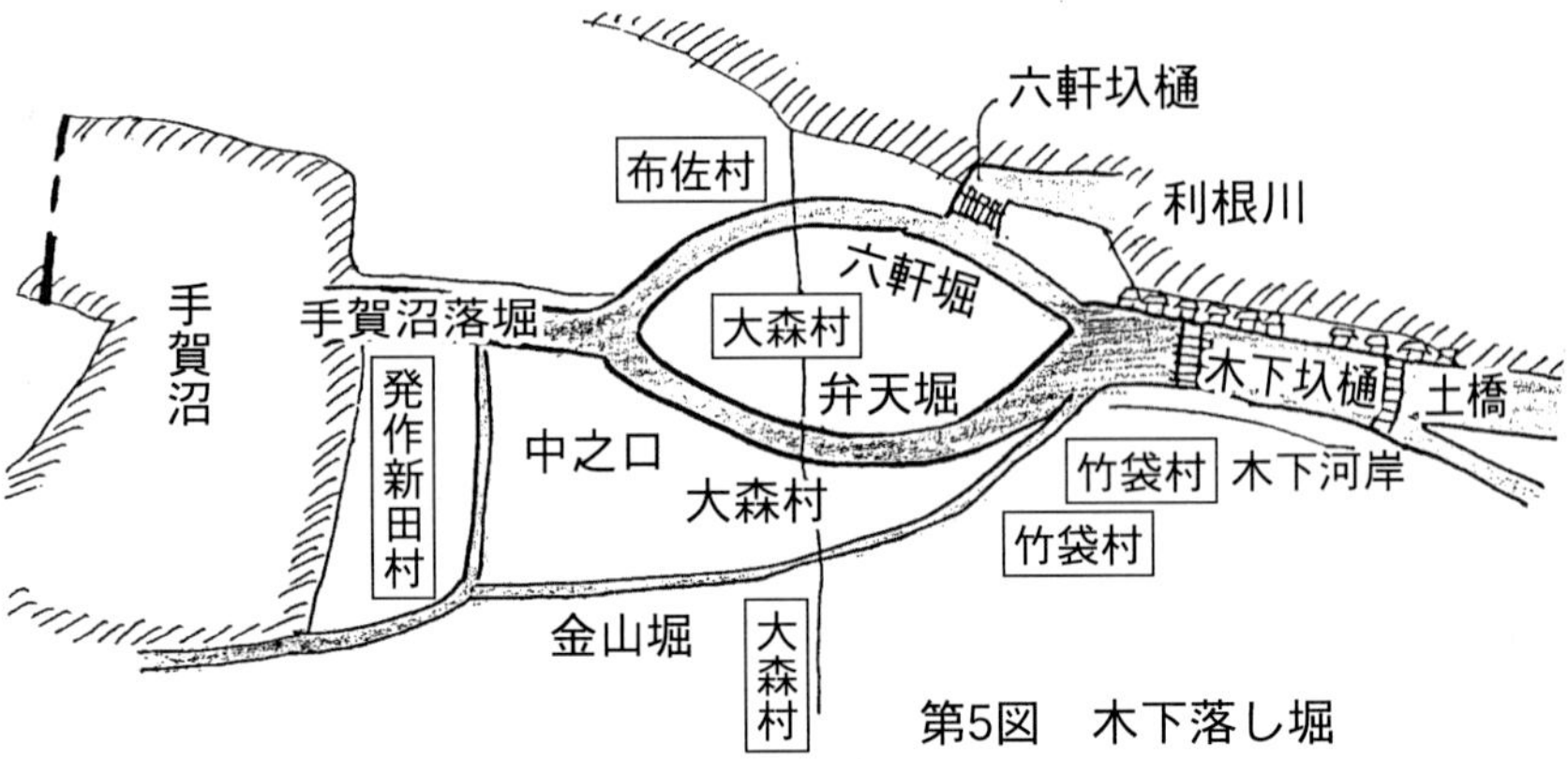

第5図　木下落し堀

次兵衛が中心となって、以後天保期まで続く木下河岸との争いである。

手賀沼の排水路は、新田に関係のない私領（稲葉氏）の竹袋村と大森村地内を掘り割って利根川に落とす以外になかった。この排水路をめぐる出入が近世後半の手賀沼が抱えた最大の難問であった。双方鉄砲、竹槍、鳶口など武器まで持ち出す争いとなった事件である。

第５図を見て欲しい。手賀沼から利根川落とし口まで約二キロ、間に大森村、竹袋村があり、六軒堀、弁天堀、金山堀と三本の落し堀が私領の両村を分断している。手賀沼新田三九ケ村は、幕府領のため、かろうじて土揚げ場などの土手と堀は確保できていた。沼に土地を持たない大森、竹袋村にとっては迷惑この上もない。

圦樋は幕府の御普請で管理されていたが、掘り浚いなどは新田村々が自普請でやらざるを得なかった。このため手賀沼干拓は寛文期、享保期とも商人請負の新田であったが、井澤弥惣兵衛の計画による幕府直轄の御普請と、主張せざるを得なかったものであろう。

次に天明三（一七八三）年浅間山爆発直後の利根川の洪水が頻発した時期の史料を揚げる。

天明八（一七八八）年　手賀沼開発来歴及御普請願書

乍恐以書付奉願上候

一下総国印旛・相馬郡手賀沼新田三拾九ケ村組合惣代奉申上候、当新田之儀者享保十二未年井澤弥惣兵衛様御取立ニ而、川除堤悪水落等諸々御普請被成下御新田成就仕、高附反別百八十町八反六畝弐拾壱歩、反高反別三百弐拾七町六反五畝弐拾六歩、都合五百八町五反二畝拾七歩御検地被仰付、御年貢米三千俵より四千俵位御上納仕候、

其後右御普請所大破ニ罷成、掘筋押埋り沼水湛上ケ反高者不及申上ニ、高附場所凡五六歩通水湛荒地ニ罷成年々不作仕候、（中略）

十ケ年ニ返上納之積りを以、金三千両三十九ケ村御拝借被仰付、竹袋、平岡両村地内掘割自普請ニ相仕立候様被仰付被下置候様奉願上候、（後略）

宮村孫左衛門御代官所

辻六郎左衛門

下総国印旛相馬郡手賀沼

三九ケ村組合惣代

藤左衛門

吉右衛門

政右衛門

瀧　蔵

天明八申年

御巡見御役人中様

（印西市・富田忠次郎家文書）

享保十五（一七三〇）年の検地から五八年後、この史料でははっきり「当新田は井澤弥惣兵衛様の取立て新田で、堤や落し堀の御普請をしてもらって新田が成就した。五〇〇町余の御検地をなされ、年々三〇〇〇俵から四〇〇〇俵の米を上納してきた。」と述べている。

この願書を書いた筆頭者は、発作新田の海野屋作兵衛の末孫、名主海野藤左衛門である。作兵衛の遺言も保持し、享保の検地帳も手元にある藤左衛門が誰よりも、自分の祖先が開いた新田であることを知っていたはずである。にもかかわらずこのように記述したのは、浅間山の爆発で利根川中流域の川床が上がり、利根川の水位も通常より一丈五尺（四・五メートル）も上がって、手賀沼の洪水も頻発していた。しかし幕府は御普請もせず、自力で排水問題に対処せざるを得なかったのである。

後段の、幕府から三〇〇〇両の拝借金を引き出すためには、嘘も承知でこの願書を書かねばならなかったものであろう。

井上佐次兵衛と海野屋藤左衛門という新田側の二人のリーダーが、井澤伝説を作り上げても手賀沼新田を守ろうとしたのもうなづける。大森・竹袋村との水行出入を有利に導くためにも、井澤伝説を必要としたとも考えられる。

ここから井澤伝説と、一五〇〇石余の新田が享保期に出来たという誤解が独り歩きを始める。

この点については最終章でもう一度取り上げるが、井澤弥惣兵衛は親子の二人がいたことも誤解を生む一因があった。次にその点についてを見ておこう。

（8）二人の井澤弥惣兵衛

享保八年紀州から召し出されて勘定となる。年齢には二説あるが若い方をとってもこの時六〇歳、かなりの高齢である。享保一〇年（勘定吟味役格）から一三年にかけて茨城県の飯沼新田、埼玉県見沼代用水にかかわる。何れも千町歩余，二千町歩余の開発で、手賀沼の二百町歩とは一桁大きい開発である。「寛政重修諸家譜」にも当時の地方史料にも弥惣兵衛が手賀沼にかかわったという記載はない。

井澤が手賀沼干拓に関わったという記述がある前述の元文四（一七三九）年に初めて現れるが、多くは三〇年もあとの宝暦期以降ものである。二点程相島新田の井上家史料の享保十九年の、運河掘削を要求する地元農民の願書のあて名が井澤宛になっている。

当時幕府の新田方勘定吟味役格の井澤が御見分に来る事を期待して用意していたが、来なかったので提出できなかった文書と考えた方が妥当であろう。この年は千間堤が切れた年である。

この四年後元文三年弥惣兵衛は七十六歳で死去する。跡を継いだ二代目も井澤弥惣兵衛(楠之丞)を名乗る。平勘定となってよりによって手賀沼を含む一帯の担当となった。以後二代目が発注した文書が出回る。しかし、二人とも江戸に在住していたので、親子の区別はつけにくい状況下にあったことは事実である。

享保期の手賀沼干拓は、幕府自らは直接関与せず、商人資本によって（高田友清）千間堤を作らせ、その監督に出張したのは勘定の配下の普請役（御家人で当時八〇人前後いた）が二人くらい来るのが通常であった。

手賀沼に来たのは普請役の大河内長兵衛、長山伊兵衛の二人が来た可能性が強い。井澤が来るとすれば、わずか二百町歩ばかりの新田開発でなく、東京湾への運河を掘って水運にも使えると考えたときであろう。

同時代史料を探す重要性

ここまで手賀沼干拓の研究史をたどってきたが、今なお『郡誌』や「沿革史」の誤った部分を引きずっているように思える。あくまでも享保期に重点を置いて、千間堤を中心に手賀沼干拓の歴史を描いてきたことから完全に脱却できない状況がある。千間堤も、享保期干拓も手賀沼干拓の主役ではない。

人は誰でも手に入れやすい史料から物事を考え始める。手賀沼の研究でいえば、まず『東葛飾郡誌』にその端緒を求める。大正一二年に編纂された『郡誌』の著者は、やはり手に入れやすい明治四三年の「手賀沼沿革史」に飛びついた。先に述べたように当初五〇部がガリ版印刷されて世に出ていた。箇条書きに整理された年表形式の格好の手引である。

活字化され出版されたどの史料も「千間堤伝説」、「井澤弥惣兵衛伝説」に固執していた。市町村などの自治体の枠にとらわれずに、できるだけ広範囲に同時代史料を探す。「沿革史」を手本としても、同時代史料をできるだけ探して裏付けをとる作業を怠らない。そのことを自分に課して見直しをしてみようとしてきた。

また史料を読むとき、重要な一字を見落とさない事も大切であろう。せっかく享保十五（一七三〇）年の検地帳を探し出しても、「手賀沼古新田内」の中の「古」いという一字を見逃したり、反高の「反」という一字を見逃すと大きな間違いを引き起こす。

以上ここまででいえる事は、「千間堤人為的破壊説」が、まったくの伝説であるばかりでなく、享保期の手賀沼開発は千間堤の失敗により一五〇〇石はおろか、一石の高入れも出来なかった。享保十五（一七三〇）年の検地高入れ（一五〇〇石余）は、古新田（寛文期の海野屋等の開発）の検地であった事。

従って享保期の手賀沼開発に井沢弥惣兵衛が関わる理由もなかった事等々である。

第二部　「手賀沼干拓絵図」と同時代史料による手賀沼干拓

Ⅰ　一枚の絵図から　「手賀沼組合村々全絵図面」（明治六年）

第一部では、手賀沼干拓、特に享保期の干拓について、いかに間違った記述が繰り返されてきたかを検討し、手に入れやすい、出版された史料に頼りすぎてきたからではないかと指摘してきた。『利根川図志』は安政四（一八五七）年に木版本として上梓され、好評を得ていた。利根川筋の旧家では、絵図の面白さもあって購入する人も多かったという。

「手賀沼沿革史」は明治四三年当初五〇部ガリ版刷りでつくられ、関係者に配布され、昭和九年には活字化され、干拓に関わった直接の子孫の著作とあって多く読まれた。大正十二年に出版された『郡誌』もほとんどが「沿革史」によって描かれた。同時代の史料を探す余裕も方法論もなかったものであろう。

第二部ではより具体的な史料、絵図と地図と、同時代史料（一次史料）をできるだけ集めて検討していきたい。

三〇年ほど前、この絵図を旧沼南町鷲野谷で見つけた時、身震いするような興奮に駆られた。絵図として美しかったし、その制作意図も明治維新時に、よそ者の開発から手賀沼を守るという目的

で地元の人々が作成したものとわかったからである。（表紙の絵図）

この絵図を丹念に解読すれば、手賀沼干拓の歴史が解けるのではないかと感じた。年末年始の一〇日ほどかけて手書きで写し取ったのが、綴じ込みの絵図である。本物は横二メートル余、彩色された素晴らしいものなのでぜひ実物を見ていただきたい。

近世初期の同時代史料など、そう簡単に見つかるわけはない。ならば「絵図」や「地図」の力を借りて補おうとしたわけである。ここに掲げる絵図は明治六年「印旛県管轄・下総国相馬・印旛郡手賀沼組合村々全絵図面」（柏市染谷勝彦家文書）である。

明治維新に際して手賀沼は再び、いわゆるよそ者による干拓の危機にさらされた。小金牧開墾の費用を捻出するため、開墾会社に払い下げられかけたり、東京や埼玉などから開墾願人が続出した。危機感を感じた地元民は、享保請地、水内地所の存在を印旛県や維新政権に理解してもらうため、この絵図を作成した。絵師は開墾地発作新田出身で、京都で絵を学んだ越川芳斉に依頼した。

越川家は元禄期に江戸から手賀沼開墾のため移住した、村田屋嘉兵衛の子孫である。絵図の所有者は、干拓にも関わった鷲野谷村の名主染谷家である。いわば新田村も古村も総力を挙げてこの絵図を作成して印旛県と協同して、手賀沼をよそ者の開発から守った。

詳細を極め、村ごとに土地の広さの数字まで記入しており、染谷家に残るものだけでなく、布瀬村の名主を務めた湯浅家にも残されている。（明治七年作成）

この絵図を作った最大の目的は、すでに新田地となっている「戌の高入れ地」（享保十五年）と水際の享保請地、「反高場」を明確に描いて地元民の権利を守ろうとしたことにあった。

（１）「戌の高入れ地」は何時の新田か

とじ込みの絵図を見てみよう。手賀沼新田の八五パーセントを占める、一番大切な手賀沼開墾の高入れ地である。地図上青い色の土地で各集落直下に存在する。全体で約一五〇〇石余、千間堤を挟んで上沼、下沼両方に存在する。

発作新田村の明細帳(明和元年)を見ると次の記載がある。

「享保一五戌年、筧播磨守様御検地ニ御座候
一高五百四石八斗
　此反別五拾九町二反二畝拾八歩
　　内田弐拾九町八反歩
　　　畑弐拾九町四反二畝一八歩

開発絵図の高請地の数字とほぼ一致する。よって「戌の高入れ」は享保十五年検地のものと分る。戌高入れより水際の反高場・鳥猟場について明細帳は「享保一六亥年、阿久沢長右衛門様、遠藤亦三郎様御検地　一　反高弐拾八町六反五畝弐拾四歩」

とあり絵図の弐拾四町余とほぼ一致する。

つまりこの絵図の黄色の部分、水内地所や鴨猟場となっている部分も村々の潜在的所有権を与えて開発を促した土地だが、明治期に至ってまだ耕地化されていない。絵図を作った目的は達成され、

結果的には印旛県の協力もあって、手賀沼の開発がよそ者の手に渡ることはなかった。

既存の著作に描かれているように、享保十五年検地によって高入りされた一五〇〇石余の新田が、千間堤を作って実施された享保期の開発の成果だとしたら、この絵図には享保以前の寛文期の新田（海野屋等の開発）が消えてしまったことになる。発作新田村の人々は寛文期からこの地に定着して新田開発に従事していた。

また千間堤の上流に、戌高の新田があることを見ても、千間堤を作る事によって出来た新田ではないことが分る。

つまり享保期の手賀沼開発とは、千間堤による新田開発が完全に失敗したため、新田は出来ず、反高場を設定しただけにとどまった。高入れの出来た一五〇〇石の新田は、六〇年前の海野屋作兵衛らの開発によってできた新田で、発作村に移住した江戸の商人を含む入植者たちの努力が実って、ようやく検地できるまでに耕地化が進んでいたという事が、この絵図からも見て取れる。

酉高入りは、沼の上流、大堀川河口周辺に多くみられる。享保十五（一七三〇）年に至ってもまだ検地できず、安永六（一七七七）酉年に至って検地高入れした土地である。この戌酉高入れの二つの新田がいわゆる手賀沼新田三九か村新田で、海野屋など江戸の商人が端緒を開いた新田で約一八〇〇石余（九一パーセント）である。

同様に寅高入れは（寛政六年）、千間堤が切れたことにより、いらなくなった排水路など再び水田として高入れしたわずかな検地の跡である。

一番水際にある反高場がたどった歴史を見てみよう。この絵図が作られた明治六（一八七三）年

手賀沼水内地所を干拓する。
杭の間に土を入れていく(泥こぎ)。

になってもほとんど開発できず、鳥猟定取とか、大縄場とか、竿先田などの名前で残っている。もちろん検地も実施された形跡はない。

この土地は吉宗の時代、享保十六（一七三一）年に反高場に設定して、沼縁り村々に開発を促した土地である。排水の悪い手賀沼の干拓はそれほど難しかったといえよう。それでも農民は冬になると泥漕ぎという方法で水内地所を干拓しようとした。泥漕ぎとは沼底の泥を積み上げて水田化しようとしたものである。現在でもその跡が見て取れる場所がある。

千間堤は二か所のキレ所があるが、土手はまだそのまま残されている。この堤から細い水路が沼尻まであるが、享保期の排水路の残骸であろう。

千間堤が切れて必要なくなり、水田となって寛政期に検地を受ける。この細い水路一本で上沼の洪水を排水できるとは思えない。堀の沼側に堤があった形跡もなく、上沼の洪水は下沼に容易に入り込んでしまう。

利根川の水位が上がれば圦樋は閉じられるので、内水氾濫は下流の木下辺から上流に向かって滞水氾濫する。上下両方から千間堤は総越の状態に襲われ、堤はとても耐えられなかったと思われる。事実築堤四年後の洪水で決壊し使い物にならなくなり、修復された形跡はない。

この手賀沼干拓の全貌を見せてくれる絵図を見ても、千間堤を作っての享保期に干拓された新田は皆無であったことは理解されたと思う。古文書と絵図や古地図を合わせてみる方法は、とても有効のように思える。

（2）手賀沼新田検地高一覧

次に手賀沼干拓の全体を見るために、数量化された表をあげる。絵図と合わせてみることにより、手賀沼干拓の全貌をおよそ推量できると思われる。

手賀沼新田検地高一覧表

	戌高(1730)	子高(1768)	酉高(1777)	寅高(1793)	新田合計(1868)	亥反高(1731)
新田村名	享保15年	明和５年	安永６年	寛政６年	慶応４年	享保16年、反高
	石	石	石	石	石	町　反　畝
発作新田	504.800	2.800		10.479	518.079	26．9．5
亀成新田	182.581	0.620			183.210	5．3．6
沖田新田	51.930			1.650	53.580	3．9．7
大作新田	41.139			1.731	42.870	2．3．0
浅間前新田	50.776			1.464	52.240	14．0．0
相嶋新田	21.525	0.378		6.021	27.924	34．0．0
布佐下新田	95.756			1.506	97.262	1．9．6
三河屋新田	50.470				50.470	
平塚村新田	62.499	7.440			69.939	7．2．7
浦部村新田	86.795	1.072			87.867	5．6．0
今井新田	112.858				112.858	10．7．3
小溝新田	25.764	0.604			26.068	8．2．7
八幡新田				4.172	4.172	14．0．2
宝田新田					0.652	8．0．2
浦幡新田					52.657	13．4．8
新木村新田			3.660	3.985	7.645	3．0．8
日秀村新田			3.800	2.440	6.240	1．8．4
中里村新田			4.342	3.980	8.322	2．7．1
都部村新田			19.214	14.174	33.388	5．7．6
岡発戸村新田			6.511	3.939	10.450	1．1．9
高野山村新田			1.290	0.835	2.125	0．2．6
我孫子村新田			5.327	0.246	5.573	0．2．5
根戸村新田			12.142	0.236	12.378	2．6．2
呼塚新田			32.034	1.389	33.423	1．1．9
松ヶ崎村新田				1.438	37.998	0．7．0
柏堀之内新田	4.355			5.060	9.415	4．5．8
柏中村新田	0.366				0.366	1．0．8
戸張村新田	2.798			0.780	3.578	2．6．2
大井村新田	1.347			2.235	3.582	5．0．6
箕輪村新田	3.132			0.948	4.080	2．2．7
岩井村新田				0.657	0.656	1．5．8
片山村新田	7.830			5.516	13.346	5．2．8
鷲ノ谷村新田	16.867			1.880	18.747	2．8．9
泉村新田	9.331			2.264	11.595	4．8．4
手賀村新田	17.915		8.088		26.003	9．2．7
布瀬村新田	333.488			4.702	338.190	20．4．3
染井入新田	7.040			5.253	12.293	6．1．4
白幡新田				2.138	2.138	6．3．7
合計	石 1689.362	石 12.914	石 121.658	石 91.118	石 1981.374	町　反　畝 247．9．4

明治４年「御検地御割付取調書」柏市布施　山崎秀夫家文書他
慶応４年の石高は「旧領旧高取調」より手賀沼新田各村の合計

享保一五年戌高入れが、合計一六八九石余。安永六年酉高入れが一二一石余、寛政六（一七九四）年寅高入れが九一石余で手賀沼新田のすべてと考えて差し支えない。慶応四年の数字は新田の合計で、最大限幕末までに開かれた新田は一九八一石余と、まだ耕地化されていない反高場、二四七町歩余と言う事になる。前述の絵図と合致しているとみて差し支えない。

（3）今井新田今井家・相島新田井上家と享保期開発

今井家と、井上家と享保開発のかかわりを見ておこう。

金山落とし河口の今井新田の地に移住し、開発を進めた今井一族は享保七年にはこの地に入っており、千間堤を作る数年前から独自に新田開発にかかっていた。今井家に残る手賀沼絵図には、千間堤はまだない。

一方享保期に相島新田に入り、以後精力的に手賀沼干拓にかかわっていく井上家は千間堤を作っての事業に直接関係はしていない。江戸の商店を引き払って、享保十五（一七三〇）年検地がなされた相島新田の土地の一部を買い集め、また宝暦期までには三河屋新田五〇石余りすべてを買い取り、あえて新田地に屋敷を作り手賀沼新田開発に関わる。

写真の改築中の蔵は一メートル程土盛りされた水塚の上に立っている。母屋は右の蔵と同じレベルにあり、手賀沼の水面から一メートルくらいしか上がっていない。洪水の際は母屋の床上まで浸水を覚悟した屋敷つくりである。水塚の上の蔵だけは床下浸水にとどめる。何故か、この蔵の土間だけはシジミの殻が厚く敷き詰めてあった。

井上家（相島新田）の水塚の蔵

母屋も右の蔵の高さにあり、後ろの蔵だけが1m以上高い。

このような「水塚」（みずか）は、現在発作新田の植村家と今井新田の今井家にもみられる。

井上家は享保一九年には相島新田の名主となって発作新田村の名主海野屋藤左衛門らと共に、この年の洪水で決壊した千間堤の修復ではなく、東京湾への運河掘削を要求する願書を地元民と作成している。以後元文期の開発願人にも名を連ね、宝暦以降の木下河岸との水行出入りでは、新田三九か村の代表として排水路の確保に指導的役割を果たした。

しかし、井上家が新田地主として成功するのは、ずっと後世になって昭和初年井上二郎が機械排水によって沼内の反高場の開発に成功してからである。手賀沼の排水は圦樋による自然排水だけでは到底成功はしなかった。機械排水による強制排水以外になかったといえよう。それがＹＰ二・五メートルの手賀沼の宿命だったともいえる。

享保期の手賀沼開発は失敗した開発であったため、直接の史料は少ない。むしろこの六〇年も前、寛文期の開発史料の方が多い。

Ⅱ　寛文期の利根川と手賀沼開発史料

(1) 寛文期前半の手賀沼開発史料

寛文期は全国的に、幕府主導による新田開発が進んだ時期である。九十九里の椿海干拓など手賀沼の三倍もある湖が干拓されて、今は地図の上にもその姿はない。手賀沼や印旛沼もこの期に開発計画は進められていた。

幕府代官細田小兵衛、近山五郎右衛門によって、利根川の流路を布佐町の上流、小貝川流入口の下で締切、一直線に霞ヶ浦まで八里（三二キロ）の新利根川を掘って排水と水運の用にしようとした。寛文三（一六六三）年中利根川流域の私領を幕府直轄として、多くの費用と年月をかけ、同六年には新利根川は完成し、一月利根川本流は締め切られた。これによって手賀沼印旛沼を始め、利根川中流河川敷などの大規模な新田開発を可能にしようとしたのである。

しかし、この年七月の大洪水で新利根川は決壊し、小貝川上流まで洪水の被害を受けた。洪水が引くと渇水で舟運が不可能となり、わずか一年で河道は元に戻された。この計画はあまりにも無謀と言う他はない。八里に及ぶ一本の水路で、河川敷も奪い氾濫原のない流路で、利根川の洪水を制御し、舟運の便も図ろうとしたものである。

二人の代官は罷免されそれぞれ棚倉藩、三春藩に預けられた。死罪になってもおかしくない大失態であったが、私欲から出たことではないという理由でこの処罰はされたという。享保期の千間堤の失敗に際して処罰がなかったのは、商人が自己資本で請け負った事業であったからであろう。

この一連の記述は幕府の正史とされる「徳川実記」に詳しい。これも失敗した例で地元に史料はあまり残されていない。

しかしこの細田、近山二人の代官がやろうとした利根川流域の開発は手賀沼と利根川の間、竹袋村、布佐町などでは一定の新田開発は進んでいた。第2表は寛文・延宝期（丑新田）に検地された土地である。

布佐で五八〇石余、竹袋で二〇〇石余が高入れされた。中之口新田は宮嶋勘右衛門が請け負って小作百姓を何人も入れている。次にあげる史料はその請け証文である。

延宝六（一六七八）年九月中ノ口新田小作預り手形

相渡し申手形の事

中ノ口堤内

一田方五反五畝壱弐歩

分米弐石三斗九升

一畑方三反五畝四歩

分米壱石弐升三合

一屋敷四畝八歩

分米弐斗九升九合

第２表　手賀沼周辺初期検地一覧

村　　名	本　田　畑	寛文期検地	延宝期検地	享保期検地
竹 袋 村	342.323(慶長7)	2.58(細田、3年)	116.3(守屋、元年)	3.4(　　14年)
布 佐 村	423.619(寛永7)	71.10(細田、5年) 502.70(小泉、9年)	9.6(守屋、元年)	95.7(筧、13年)
大 森 村	391.148		556.5(守屋、元年) 80.5(原 埜 新 田)	
布 川 村	879.311(慶長7)	113.60(伊奈、万治元)	447.9(守屋、元年)	2.0(野田、13年)
平 塚 村	408.412(慶長7)		101.9(伊奈、７年)	62.4(筧、15年)
名 内 村	59.85		95.8(守屋、元年) 330.4(伊奈、７年)	
鷲之谷村	187.028(元和6)	31.80(本多、2年)		8.0(斉藤、11年)
発作新田				504.8(筧、15年)
亀成新田				182.5(筧、15年)

細田＝代官細田小兵衛・近山五郎右衛門による検地
守屋＝代官守屋権太夫による検地「丑新田」
小泉＝代官小泉治太夫による検地
伊奈＝関東郡代伊奈半左衛門による検地
本多＝私領・田中藩本多氏による検地
筧　＝勘定奉行筧播磨守による検地（享保の新田検地）

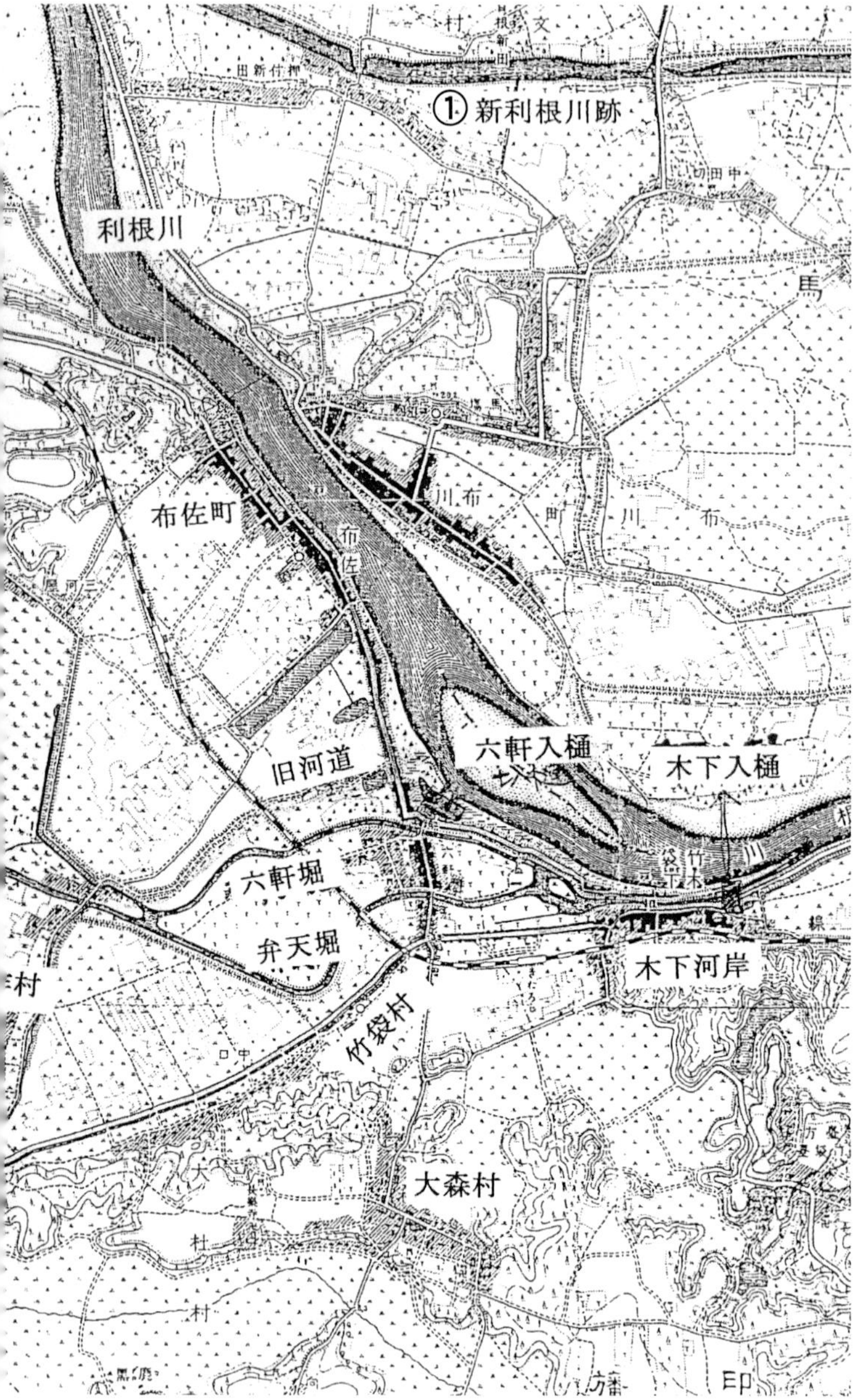

第７図　明治36年　手賀沼・利根川地図

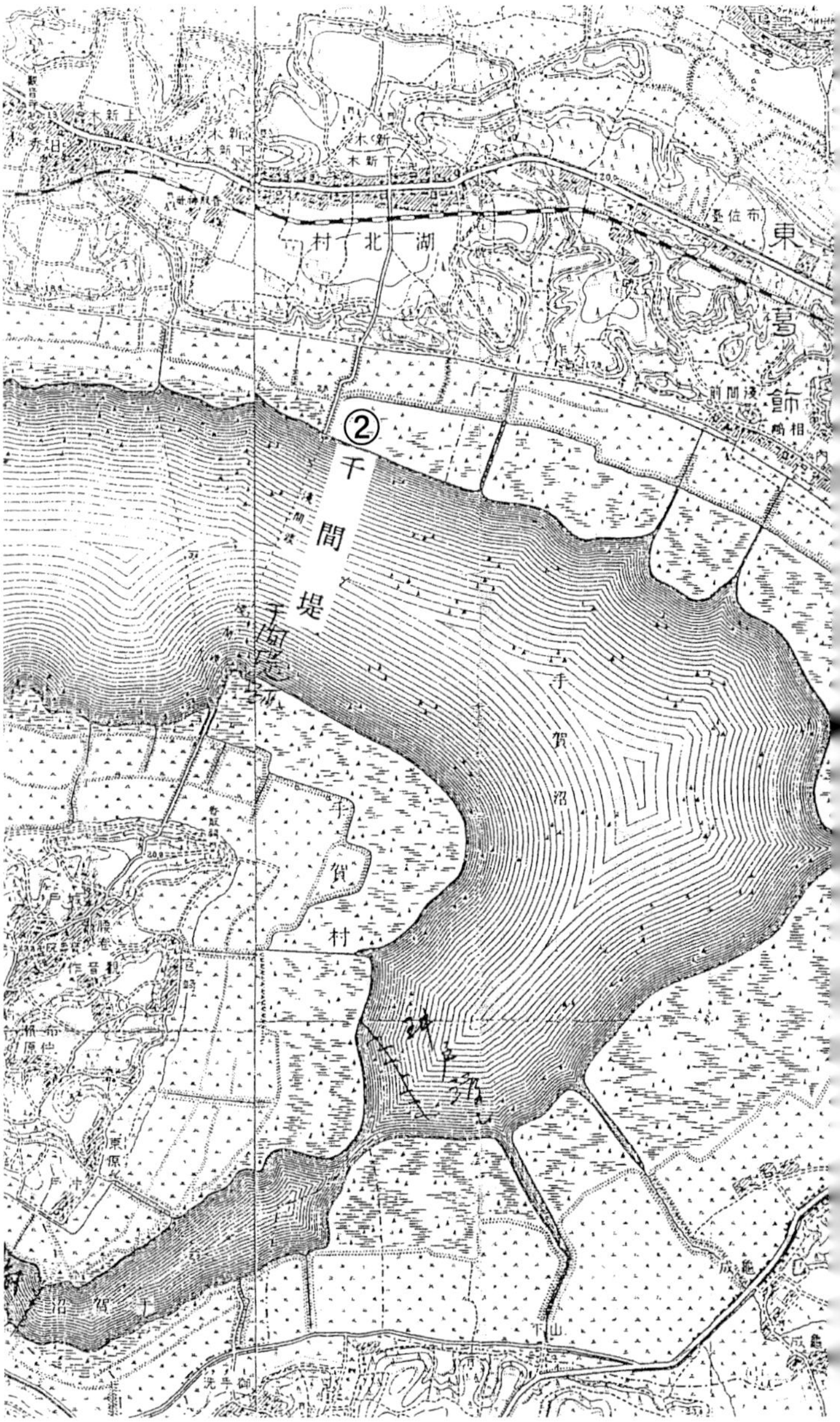
②
千間堤
手賀沼
手賀村

右之田畑屋敷たしかに預り申候処実正也、御抱百姓ニ罷成小作仕候上者年貢之儀ハ年々立毛御見積次第何程成共小茂無滞急度相済シ可申候、若遅滞仕候ハハ右田畑屋敷不残御取上ケ、何方之者ニ御預ケ被成候共、其時一言之御詫言申間敷候，勿論預り申候田地之儀ニ御座候間他所へハ不及申ニ小作百姓中間ニ而茂売買質入れ等ニ茂仕間敷候、為後日仍如件

延宝六年壬午九月二十日　　　作右衛門

宮嶋勘右衛門殿　　（印西市宮嶋由雄家文書）

寛文期前半の新田開発は、手賀沼と利根川の間の比較的高い土地の検地のみで終わった。新利根川への利根本流の流路変更が失敗したためである。

地図に残された傷痕

絵図や地図に残された傷痕を古文書で裏付ける作業をもう一枚の地図で行ってみよう。

第7図は明治三六年の地図である。この地図の中に四〇〇年も昔の人為が自然に敗れた傷痕が残されている。もはや四〇〇年前の同時代史料を探すことはかなり難しいが、地図は正直にその跡を残してくれる。図中①と②は手賀沼干拓とも関係の深い、大きな失敗の跡である。

①前述の寛文年間（一六六一～一六七三）に利根川の本流を小貝川流入点の上で締め切って作った新利根川の跡である。この時の同時代史料が、花野井の吉田家文書の中に一点ある。

「寛文六年六月　小貝川上流村々水損場に罷成に付願書（柏市吉田宗弘家文書）

乍恐以書付御訴訟申上御事

一今度布川御新田ニ付利根川御築留被遊候、以後川通数年有来ル定水ニ壱丈余高指上ケ、
尚正月ゟ是迄定水ニ罷成候、然者下総国相馬郡之内堀田備中守知行守谷領高壱万石之内
六千五百六拾八石余、村数拾五ヶ村田畑并草かり場迄水つかへ申御事

一右拾五ヶ村之内ニ草かり場斗水入之処御座候、又ハ水出村と申所者水戸岩城土浦笠間筑波筋
之海道ニて御座候、百姓居屋敷海道迄も水底ニ罷成、御海道役相勤可申様無御座候御事

一別ニ所々絵図指上ケ申候、御譜心《（普請カ）》被仰付可被下候ハヽ、数千之百姓難有可奉存候、

仍目安如件

寛文六年　　　　堀田備中守領内

午　六月日　　　守谷領水入百姓

御奉行所様」

新利根川が完成し通水が始まって、小貝川中流域の佐倉藩守谷領村々の被害を訴えたものである。寛文六年の六月はまだ洪水が襲う七月の前で、通常でも草刈場や居村まで水が入り込み、一五か村、一万石の内六五〇〇石余耕地で水害に苦しむ様子を訴えている。

わずか一点の史料でも、「徳川実記」の記述が裏付けられる史料が地元で発見される意義は大きい。

河川敷と氾濫原としての湖沼は、河川が洪水のときの緩衝地として重要だが、それがすべて開発のため奪い去られ、直線の流路だけでは洪水のときはひとたまりもない。通常時は渇水で水運に支障をきたす。新利根川はあまりにも無謀な計画であったとしか言いようの無いものであった。

（2）寛文期後半の手賀沼干拓（海野屋作兵衛ら江戸商人による開発）

新利根川の失敗後再び布佐・布川間を利根川本流が流れて、手賀沼はまた利根川の水流に大きな影響を受ける状況に戻った。

実は手賀沼と利根川の間に、いつ堤が築かれて手賀沼が半閉鎖水域になったかははっきりしない。「吉岡家旧記」などには「寛文以前」には香取の海の水域と手賀沼は水路でつながれ、高瀬舟も沼に入り込んで、平塚河岸で旅人も上陸したとある。

寛永八（一六三一）年幕府は阿部正之に命じて、手賀沼の最奥端（戸張河岸）から小金の山野を掘削して太日川（江戸川）まで運河を作れるか見分させている。（徳川実記）この運河が出来れば利根川の東遷は必要なかったかもしれない。しかし、秀忠の死によって取りやめになったとある。将軍の死去を理由にしているが、このころすでに手賀沼は水深が浅く大きな船は遡れなかったのではないか。一メートル前後の水深では、大高瀬船はとても無理であろう。

やはり寛文三（一六六三）年以降の開発の中で利根川南側に堤を作り、圦樋で排水する方策がはじまったか。寛文十一年の海野屋等の開発では完全にこの方策がとられている。

寛文十一（一六七一）年に始まる第二期手賀沼開発は、江戸の鮮魚商、海野屋作兵衛を請け人にしたて他一六人の商人の願いによって始まった。当初の願書などの原史料は見つかっていないので、海野屋を除いた十六人の商人の名前が知れる延宝元年の史料をあげる。

延宝元年十月　手賀沼新田請負方連判状仲間立会相定申覚

中間立合相定申覚

一此度御公儀様より御拝借仕、手賀落シ堀築留修復致儀御座候へ共、不残衆中場所江参り儀も互ニ不罷成候（中略）

此普請中之儀何様ニも頼入申候、江戸ニ罷有衆ニ遠慮無之様ニさしかかりたる急用なとハ御指引被成御勤可被成候事

延宝元年丑ノ十月六日

播磨屋杢右衛門殿
ふしミや平四郎殿
万や仁右衛門殿
粟ケ沢村半左衛門殿
同村　市郎右衛門殿

播磨屋六郎兵衛
ふしや源兵衛
よしや二郎兵衛
いせや彦左衛門
たわらや三右衛門
ひしや利兵衛
はりまや市右衛門

万屋治右衛門
よしや又右衛門
亀屋清兵衛
いせや清左衛門
海野作兵衛
（印西市・富田忠次郎家文書）

開発が始まった寛文十一年から二年後、一七人の開発仲間が取り交わした連判である。全員が手賀沼に来たわけではなく、当初五人の現場で指揮する仲間に任せ一二人は江戸に住居して負担金を出すなどして、現場の監督者に依頼した連判である。利根川との境に堤を作り、圦樋を伏せ込み、排水路を整備して干拓を図った。

「此普請中之儀何様ニも頼入申候、江戸ニ罷有衆ニ遠慮無之様ニ、さしかかりたる急用など八御指引被成御勤可被成候事」と全面的に普請を任せているように見受けられる。

この時点で現地にいたのは、播磨屋杢右衛門、ふしみや平四郎、万や仁右衛門の三人と、現地に近い栗ヶ沢村（現松戸市）半左衛門、同村市郎右衛門の五人である。海野屋作兵衛は請け人としてこの後現地に居住し、現在まで発作新田に居住した唯一の人である。

干拓は思うように進まず、延宝五（一六七七）年には、幕府からの借入金の返済も迫られ、その負担金一人分六五両余を出金できず、撤退を余儀なくされた商人も続出した。

海野屋作兵衛以外一六人のすべての商人は江戸に引き上げたと考えられていたが、最近になって手賀沼畔の浅間前新田地の石碑に、思わぬ名前が彫られていることが判明した。

宝永年間頃亡くなった人の供養塔らしき石碑に、岡田杢左衛門、薗辺平四良、清水仁右衛門、治右衛門とかろうじて読める名前が四面に彫られている。前述の延宝元年史料に登場する、現地で差配していた播磨屋杢右衛門、ふしみや平四郎、万や仁右衛門と同一人物ではないかと考えられるのである。

そしてさらに、播磨屋杢右衛門と石碑の岡田杢左衛門は同じ人物と思われるが、我孫子市布佐出身の日本の気象学の父といわれる岡田武松は播磨屋を名乗り、杢左衛門を代々名乗っていたことが同家の位牌からも確認できた。

武松氏のお孫さんにあたる方に話を聞いたが、祖母の実家が浅間前新田にあったことを覚えているという。岡田武松の祖先が寛文期の海野屋作兵衛らと江戸から来た商人の一人だと言う可能性はある。一時的には江戸に引き上げたとしても、この地に足跡を残して再び布佐に戻っていたと考えられる。

延宝六年に至り新たな展開が余儀なくされる。

延宝六（一六七八）年　新田請負方仲間取替絵図手形及び「取替シ申絵図手形之事
一下総国手賀沼御新田之義、我々四人として御請負申上、上納金三八〇両ト並ニ御新田御普請金不残四人より当分に出金御普請仕立申所実正明白也、（中略）

一此絵図何も沼行者四二〇間　割付申候、若沼行四二〇間無之場所、戸張地ニ而割渡し可
　申候、以上

河地や　長兵衛
伊勢や　清左衛門
吉　屋　又右衛門

海野作兵衛殿

旨

上納金三八〇両の請負とこれからの普請金の出金を約束して、新たに四人で請負地の再割り付けをした絵図手形である。新しく参加した商人は河地や長兵衛一人で、海野屋を含めて三人は当初からの開墾請負人である。

この年は鍬下年季が切れる七年目にも当たり、まだ検地を受けられず、三年延期してもらって新体制で臨もうとしたものであろう。

しかしこの通りに普請は進まず、海野屋を除く三人の商人はこの地に定着できず、請負の商人は次々に代わる。

現在まで発作村に残っているのは、この後に発作村に入り、延宝期に請け人となる植村長左衛門（海野氏と発作村の二人名主となる）元禄期の村田屋嘉兵衛、同じく富田や忠次郎等々である。

そして享保期に手賀沼に入る今井新田の今井孫四郎、相島新田の井上左治兵衛も含めて、手賀沼

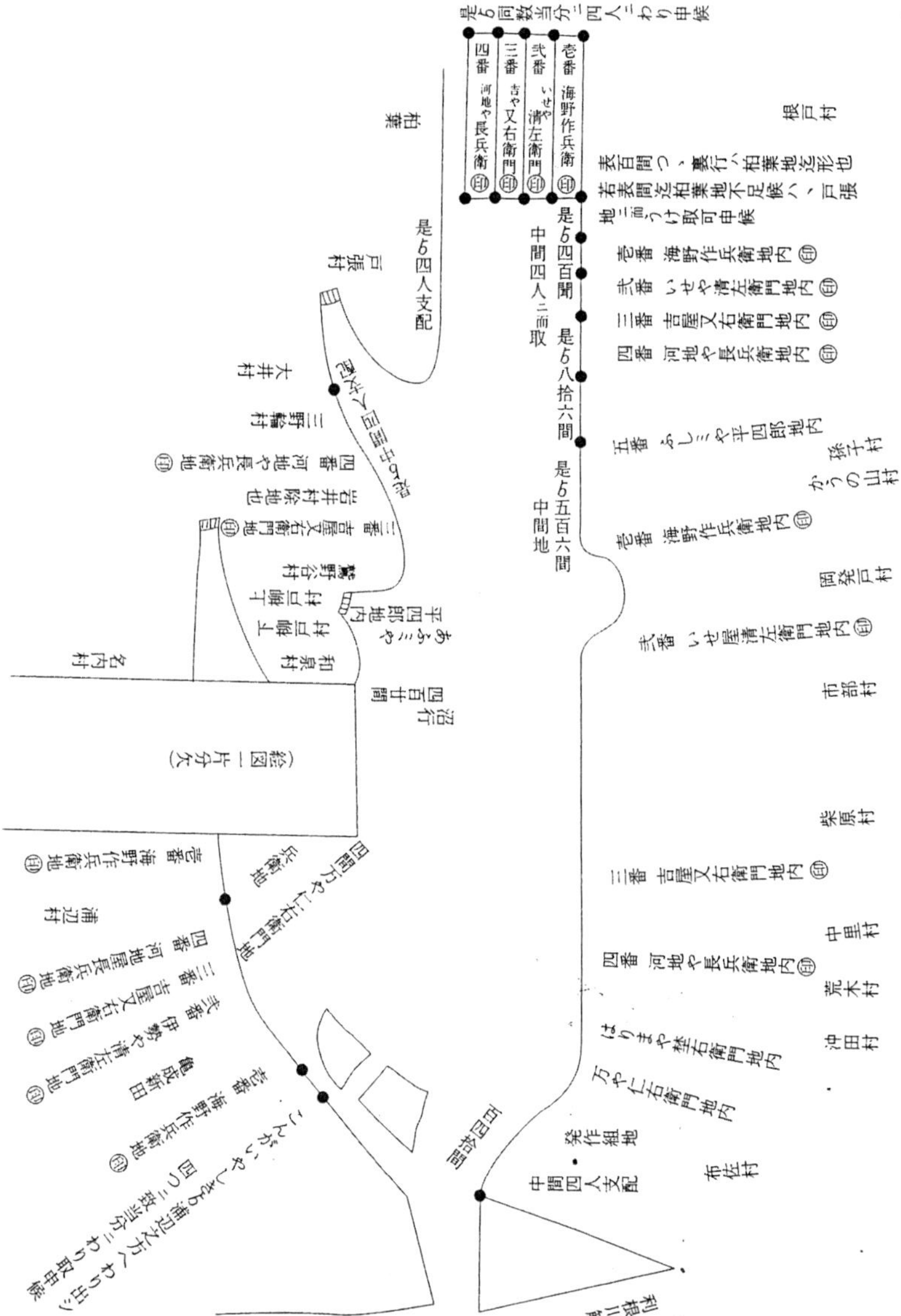

(印西市・冨田忠次郎家文書)

第８図　手賀沼新田割図、延宝６(1678)年

のほとりに営々と事業を続け、現在なおこの地に住居を構えた江戸人はさほど多くはない。
江戸の店などほとんど売り払い手賀沼にかけた海野屋作兵衛は、その確かな干拓の成功を見ぬまま、天和元（一六八一）年遺言を残して死去した。その遺言状にも苦労の跡がうかがわれる。

海野屋作兵衛遺言状

遺言状之事

一本小田原町壱丁目家屋敷家財并手賀沼新田割付之分不残一子又十郎へ相渡シ申候
一川崎弐軒之家屋敷并田畑不残清耀様へ進上仕、是ハ支配人差置而成共又ハ売沸金子ニ而
成共御望次第ニ可仕候事
一後家并を老事里へ返し可申事
一かし金売掛帳面。有之候
一又十郎事廿斗ニ罷成候頃迄常真老方と真庵方と二下人壱弐人御つけをき入用之分者江戸
屋敷店銀　并かし金利足之内ニ而御引取相残ル金ハかしふやしに被成置諸事合点参候時
分似合敷（にあわしき）妻子御もたセ可被下候、万事御両人御相談之上如何様共頼入中候事
一新田場之内五町歩来戌ノ年より永代清水又兵衛ニ相渡シ可中候事
一新田場之内弐拾町歩上中下□□平岩助右衛門様へ永代相渡し可申候
一金五拾両平岩助右衛門へ返金可申事

一金弐百両口安法印様へ返金可申侯、かし金売掛当分将明不申侯ハハ御断を申侯而連々ニ
成共相済可申侯事
一金八拾両余手形之通平井市兵衛へ返金可申候事
一新田場支配致□□清水又兵衛御頼請人面ニ　取候四百石面其外ニ上田百石面程手作場ニ
子々孫々迄残置、相残ル所ハ売拂金廻シ家志ち二而かし置申度候、万事御両人頼入申侯
ハハ宜様ニ御指図被成可被下候　兎角倅又十郎海野作兵衛家つふし不申様ニ御申含身
持第一ニ仕候様ニ御異見奉頼候、為後日仍如件

延宝九年
酉卯月三日
海野作兵衛（花押）

（印西市発作・海野実家文書）

手賀沼開墾にかけて十年目、作兵衛はまだ年若い息子又十郎を残して死亡した。まだ江戸本小田原町の屋敷は残っていたが、手賀沼の地所、請人面（請負地）四百町歩と上田百町歩の手作地を子々孫々まで残すように周囲の者にくれぐれも頼んでいる遺言である。

遺言書は二通あり、もう一通は貸金の控えで、越前守に五百両貸し、千三百両越前守、三河守へ貸しとか、大名貸しが金高は多い。「総高金二千八百両余、表書きの内すたり金も可有之候、」

本店のほか、川崎に支店もある大店をたたんでまで、リスクの多い手賀沼干拓にかける商人たち

の熱情はどこから来るのであろうか。事実手賀沼干拓で江戸時代に、三〇町歩以上の水田を確保した商人はいない。

史料の中に「すたり金」という言葉があるが、大名貸しは商人にとって非常にリスクの多いもので、焦げ付きといつでも背中合わせであった。利息も貸金も回収できなかったのである。無理に回収しようとすれば、幕藩体制の下では「町人にあるまじき贅沢をした」などという理由で、闕所、所払いにされることすらあった。江戸に出て成功した商人の、土地に対する執着はこのような状況下で培われたものであろうか。

作兵衛が死去したこの年、一〇年の年季が明けて検地が行われるはずであった。しかし、前述したように耕地化は進まず幕府は検地をあきらめ、反高場としての検地だけを行った。

これは実際の丈量はせず、見分だけで見取り田には少しばかりの米年貢をとり、大方は未耕地の反高として村方にわずかばかりの永銭をかけた。この天和元年から享保一五年検地までに売り買いされた新田地の価格、表示の仕方が証明してくれることは前にも述べた。

布佐堤八〇〇間余を築き、連続して川口に築留堤を七六間、六軒堤を木下まで連続させ築留めに圦樋を三艘伏せ込み排水を図った。さらに木下前に圦樋一艘（幅二間）と二千間余下流の小林村地先に負俵圦樋を伏せ込み、都合三か所で利根川に水を落とそうとした。

より下流まで土手堤を作って落差の少ない排水を少しでもカバーしようと図ったが、手賀沼の排水の困難さはそれを凌駕していたとしか言いようがない。

開発以来六〇年も検地できない新田などめったにあるものではない。「逆さ沼」と土地の者が形

発作新田の移住者の墓

容した手賀沼の洪水は下流からも押し寄せてくる洪水で、のちの機械排水以外に対処のすべがなかったのではあるまいか。

発作新田の田の中に、道さえ付いていない墓が何軒分かある。新田民家の屋敷より低く、洪水になれば完全に沈んでしまう墓である。

水塚といい、水田の中の御墓といい、開拓民の苦闘とそれにかけた意志が感じられる光景が広がる。

このような風景をどこかで見た思いがある。足尾の鉱毒事件で沈んだ、谷中村の村人たちが洪水で埋まるのを覚悟した上で、お墓を谷中村の跡に残した風景である。

Ⅲ　享保期開発の同時代史料

（1）少ない享保期開発の同時代史料

より古い寛文期の開発の同時代史料はある程度発見されている。開発にかかわった海野家をはじめ、富田家、越川家、岩井家など現在まで印西市発作などにとどまっていたから当然と言えば当然であろう。

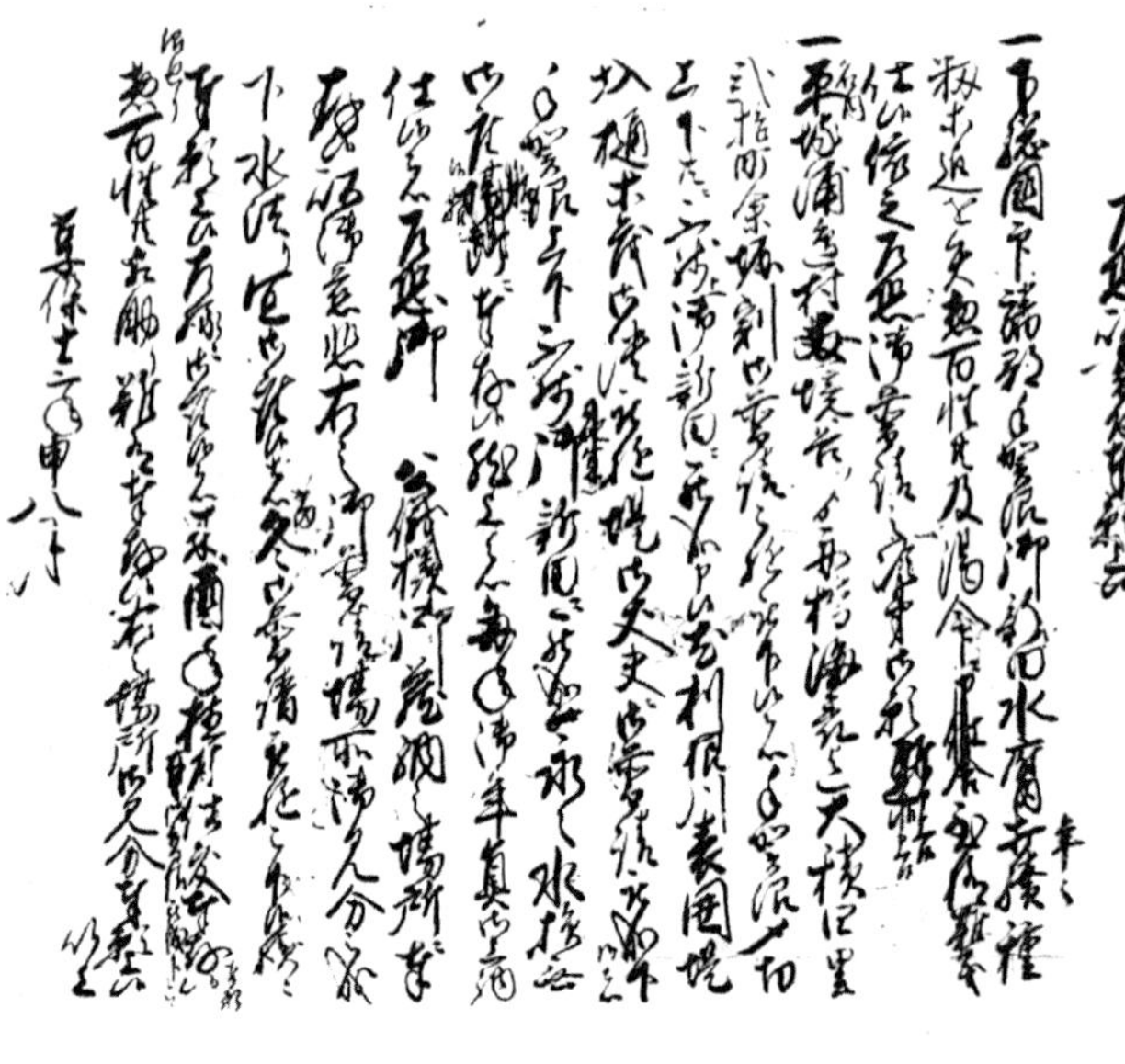

享保13年運河を要求した史料(相島新田井上家文書)

享保期の千間堤築堤にかかわる同時代史料は、きわめて少ない。というより皆無に近い。関係者が失敗して江戸に引き上げたためか、捨てられたものであろう。むしろ開発の事業には直接関係のない、開発に否定的な史料が村方に残る。

前掲の享保十五（一七三〇）年の新田検地帳は先述したように、六〇年前の寛文期開発の成果である。相島新田や発作新田村など、この検地帳はたくさん発見されている。

相島新田はこの時高二一石余の検地を受け、名請け人は十二名でその中に井上左冶兵衛も出てくる。隣村三河屋新田は五〇石余すべてが、左平治一人が名請け人である。この検地帳も井上家に残っているが、これは後に井上家がすべて買い受けたためである。

井上家は相島新田でも土地取得を進め、十九年までには新田の名主となって新田三十九か村の惣代の一人として幕府や他村との交渉の先頭に立つ。

次の史料は発作新田の名主海野屋藤左衛門らと共に、運河掘削の要求運動のまとめ役になっていることが分る。

相島新田の井上家に残る、東京湾までの運河構想を願い出ようとした数点の史料を見てみよう。享保一三年は、まさに千間堤がいま目の前で築堤を開始した年である。そんな時に早くも運河を掘削することを幕府に要求しようとして井上家か、地元民が書いた下書きであろうか。

乍恐以書付奉願上候

一下総国印旛郡手賀沼御新田水腐年々打続、種籾等迄を失惣百姓共及竭命ニ、至極難儀仕候、依之乍恐御普請之次第御願奉申上候、

一名内平塚，浦辺村境谷ツより、舟橋海表迄大積四里二〇町余掘割御普請被遊被下候者、手賀沼上下不残上御新田ニ罷成申候、

（後略）

享保十三年申八月

この年には千間堤の工事は始まっていたはずである。あえて全く正反対の運河構想をどこへ願い出ようとしたのか、宛先もない。下書きに終わってどこへも提出はされなかったものと考えられる。

手賀沼から東京湾へ運河を掘ろうとするルートは二通りある。沼東端より船橋まで直接谷津沿い

に掘るか、印旛沼に落として印旛沼から検見川へつなぐルートである。

印旛沼ルートはその後天保期や近代になっても希求されたが、印旛沼周辺の農民の反対にあって出来なかった。手賀沼の洪水まで引き受けてはたまらないという印旛沼側の主張は当然であった。しかしこのような運河掘削を考えること自体、千間堤は地元民の期待とは隔たりがあったといえる。

次の享保一九年の史料は、同年七月の洪水で千間堤がかなり決壊して役に立たなくなったためか、地元新田村々に自普請の修理を幕府が要求したことへの、村々の願書である。印西市の岩井家に残る資料であるが、この時点ですでに千間堤が役に立たないほど壊れていることが分る。五年前に築堤した高田氏は修理を自分の手でできなかったものか、幕府も御普請で直す気が無く地元民の自普請を求めた。しかし地元民も自普請はとても無理で、やるのなら御普請でと逃げている史料である。

千間堤は無用の長物となり、この後も誰も修理するものもなく、放置されたまま第二次世界大戦後の干拓で無くなるまで、その残骸を残していた。

享保十九（一七三四）年七月千間堤総越押切れに付御普請願書

乍恐書付を以奉願上候

一、総州手賀沼新々田御取立ニ付、年々御救御普請ニ成被下難有奉存候、然所ニ此度自普請可被　仰付旨被仰渡候趣奉畏候得共、手賀沼新田之儀年々水損多百姓困窮仕、種夫食御拝借

奉願上御救を以露命相助り罷有り申候処ニ、当年ハ別而大洪水ニ而千間堤並廻シ堤総越ニ而数ケ所押切レ又ハ破損等多ク、内外一面ニ水湛殊ニ利根川表満水仕候ニ付、弥々内水夥鋪差支田畑不残水損仕種夫食を失ひ、当分より百姓及飢其日之露命送り兼難儀仕候、依之奉願上候ハ右飢百姓之儀ニ御座候得ハ、自普請被　仰付候而茂中々百姓自力ニハ相叶不申候間、当年之儀ハ御救御普請成被下候様ニ奉願上候、作毛取候而百姓夫食ニも取続候ハヽ、廻シ堤並落掘筋破損繕浚等之儀ハ百姓相応之自普請足役相勤可申候御事、

一、千間堤五百間之余羽口腐り堤めり候而常々危躰ニ相見江申候、殊ニ此度ハ惣越ニ罷成押水浪崩レ等ニ而大分破損仕候、御救を以重置御普請成被下丈夫ニ罷成候様ニ奉願上候、（中略）南縁り北縁り共ニ廻シ堤惣越ニ罷成、切所出来仕又ハ浪欠ケニ而夥敷破損仕候、発作前伏込樋破損仕り、洩出候而用水無御座候ニ付、村々より人足土俵等指出シ普請仕候得共溜り不申、其上御新田水落之障りニ罷成候間、御伏替御普請奉願上候御事、（中略）

享保十九年寅七月

総州印旛郡手賀沼

発作新田　名主　藤左衛門印

同新田　名主　惣左衛門印

八幡新田　名主　伊兵衛印

宝田新田　名主　吉右衛門印

亀成新田　名主　八右衛門印

浦辺村新田　名主　五左衛門印
白幡新田　名主　新左衛門印
平塚村新田　名主　善四郎印
今井新田　名主　孫四郎印
布瀬村新田　名主　佐左衛門印
小溝新田　名主　清左衛門印
沖田新田　名主　宇兵衛印印
大作新田　名主　庄右衛門印
浅間前新田三河屋新田　名主　太郎左衛門印
相島新田　名主　久左衛門印
布佐村新田　名主　又左衛門印
作兵衛新田　名主　孫三郎印
(印西市・岩井啓治家文書)

新田方御役所

この年の大洪水で、千間堤も廻し堤も数ケ所切れ、破損も多く自分たちで修理を命じられたが、それは全く不可能である。直すのなら御普請でやって欲しい。下沼周辺の新田名主は一人も破壊された千間堤を元に復そうと本気になる者はいなかった。むしろ逃げている様子がうかがわれる。

この洪水の直後、新田村々の名主は本気で話し合い、印鑑を集めて東京湾への運河掘削を願い出る準備を始めて、二通の願書を作成した。一通は御普請方役所宛、もう一通は井澤弥惣兵衛宛てである。千間堤にはまったく期待してはいない。堤を作った江戸の商人高田氏も、まったく反応していない。

次の史料は運河構想をこそ、地元村々が希求していたことを示す史料である

享保十九年　手賀沼新田村々運河堀割願書（我孫子市相嶋新田、井上基家文書）

乍恐以書付奉願上候

一下総国手賀沼御新田御普請成被下難有奉存候、然所ニ手賀沼之儀ハ利根川を請候場所ニ付、少々之出水ニ茂内水落不申水湛ニ罷成、殊ニ上沼之義ハ水湛ニ罷成新々田ハ不及申ニ古新田并本田御領私領共ニ数年水損仕候、依之沼廻り大小之百姓共別而年々困窮仕及渇命ニ至極難儀仕候、殊更当年之儀者夏中ゟ内水差支夥敷湛申候ニ付御新田ハ不及申、手賀沼附本田御料私領共ニ田畑水損仕出百姓同前ニ困窮仕候、沼廻り御新田惣百姓共之儀ハ種夫食共ニ失ヒ一切無御座候ニ付、当七月中ゟ及飢此上一日を茂送り可申様曽而無御座難儀至極仕候、依之此度上沼共ニ不残御新田ニ罷成候御普請成被下候様ニ奉願上候者、戸張谷ツ口ゟ江戸川市川迄之谷ツ続キ御掘割御普請成被下候得ハ、上沼新々田凡壱万石程茂出来可仕様ニ乍恐奉存候、其上下沼御新田之儀者水内不残凡四五千石程茂上々御新田ニ罷成都合壱万四五千石程茂此度出来可仕候、右戸張口ゟ市川迄四里程谷ツ続キニ而高場少々御座候、御掘割御普請金之儀ハ上沼下沼共ニ水内之分新々田出来町歩ニ御割付年賦金ニ而何ヶ年ニ茂被仰付次第御普請金上納可仕候間、御救ニ当

分御拝借金ニ而右之場所御見分之上御掘割御普請成被下候様ニ偏ニ飢百姓共奉願上候、右御普請出来仕候得ハ悪水定落シニ罷成候ニ付、内水湛候儀曽而無御座候間、毎年惣土手堤破損御普請茂無御座御丈夫成御新田ニ罷成候得ハ惣沼廻り御料私領并古田新田共ニ水損無之凡壱万五千石程之御助ケニ而惣高三万石程茂御料私領共ニ毎年御蔵納ニ罷成候場所ニ御座候、然ル上者年々困窮仕及飢ニ候沼廻り惣百姓共露命相助リ申候間、何分ニ茂御救を以市川江御切落シ御普請成被下候様ニ上沼下沼大小之百姓共一同ニ奉願上候、以上

享保十九年寅十月

下総国手賀沼

発作新田　名主　藤左衛門㊞

同　新田　名主　惣左衛門㊞

八幡新田　名主　伊兵衛㊞

亀成新田　名主　八左衛門㊞

宝田新田　名主　吉右衛門㊞

白幡新田　名主　新左衛門㊞

浦部村新田　名主　五左衛門㊞

村新田　名主　善四郎㊞

今井新田　名主　孫四郎㊞

小溝新田　名主　清左衛門㊞

村新田　名主　佐右衛門㊞

井沢弥惣兵衛様

沖田村新田　名主　宇兵衛㊞
大作新田　名主　庄右衛門㊞
浅間前新田
三河屋新田　名主　太郎左衛門㊞
相嶋新田　名主　左治兵衛㊞
布佐村新田　名主　又左衛門㊞
新田　名主　孫三郎㊞
手賀村下　名主　伊右衛門㊞
片山村下　名主　十郎左衛門㊞
染井入　名主　伝右衛門㊞
鷲谷村下　名主　次右衛門㊞
岩井村下　名主　市郎兵衛㊞
和泉村下　名主　伊右衛門㊞
大井村下　名主　源兵衛㊞
戸張村下　名主　利兵衛㊞
柏両村下　名主　平八㊞
名主　五兵衛㊞
岡保戸村下　名主　平次郎㊞

市部村下　名主　八左衛門㊞
高野山村下　名主　七三良㊞
呼塚村下　名主　久左衛門㊞
松ヶ崎村下　名主　三郎兵衛㊞
新木新田　名主　七左衛門㊞
日秀村下　名主　長兵衛㊞
中里村下　名主　宇兵衛㊞
箕輪村下　名主　武左衛門㊞
根戸村下　名主　次郎兵衛㊞

内容は運河のルートが違って、手賀沼西端の戸張村の谷津続きに江戸川市川までの運河掘削を願うものであった。これによって上下沼ともに一万五千石ほどの新田が出来ると云っている。これは寛永期に幕府が追及していたルートとおなじで、大津川沿いに小金の台地を掘削して東京湾側の江戸川につなぐ運河構想である。

運河を掘って利根川水系と東京湾に結ぶこの大事業は、この度のように新田の開発と治水対策だけでは幕府は乗ってこない。幕府が運河を必要としたのは寛永期にしろ、天保期にしろ内陸水運のルートを確保したいという緊急の要請からである。黒船による東京湾閉鎖にそなえて、江戸に物資を送る内陸水運ルートが必要と考えて天保期にも運河構想が浮かび上がった。

井澤の名前が出てくるが、これをもって井澤が手賀沼の開発に関与したと考えるのは短絡にすぎる。

東京湾に運河を通すというような大きなプロジェクトならたしかに井澤の出番であろう。農民も江戸の馴染みの訴訟宿の主人などを通して、幕府の担当役人の情報はある程度つかんでいた。

三十数か村の新田村々の名主の印鑑をすべて集めて準備したこの訴状は、直接江戸の担当役所に訴え出ようとしたか、洪水の後始末のため担当者が手賀沼近辺に出張してきたら宿泊先に訴え出ようと準備したものであろう。しかし結果的には見分に来なかったため出す事が出来ず、本訴状が地元に残ってしまったと考えられる。井澤の側から発注した史料は一点も発見されていない。

元文四（一七三九）年以降に井澤弥惣兵衛が発注した史料はあるが、これは二代目弥惣兵衛（楠之丞）のものである。彼がたまたま手賀沼を含む下総の新田方に任命されるという偶然が、この親子を混同することになったものと考えられる。親は勘定吟味役という勘定所のエリートであるが、子供はまだ新米の平勘定として、手賀沼を含むこの地域の新田方として任命された。

まったく同じ内容の願書をもう一通用意していた。幕府の普請方役所宛の願書である。新田三〇か村以上の名主の印鑑が捺印されているのも一緒である。これも相島新田の井上家に残っていると言う事はこの年、井澤も普請役人も見分に来なかったためであろう。

しかし翌二十年の願書下書きには、「旧冬御見分之節、幸田善太夫様、原新六郎様、鈴木平十郎様江願書差上」とあり、前年の冬に代官（あるいはその手代）の見分があり舟橋海表か、市川（江戸川）までの運河構想は代官宛てに願書が出されていた可能性はある。しかし幕府はまったく反応しなかった事には変わりがない。

Ⅳ　手賀沼新田組合と木下河岸の悪水出入り

（１）宝暦期に始まる井澤伝説

悪水とは、用水に対する排水の事である。沼の水面のＹＰは二・五メートル、排水する利根川の通常のＹＰ約二メートルと五〇センチの落差しかない。この高度差で銚子まで八〇キロを落とすのである。ほとんど流れは無いに等しく、高瀬船の遡上には有利な側面もあったが、小さな洪水でも利根川の水位は一、二メートルは上昇する。沼への逆流止め水門「圦樋」は閉じざるを得ず、沼の内水氾濫は頻発した。

東京湾への運河計画がだめなら、既存の悪水路を使って現実的な排水路の修復を考えざるを得なかった。

沼から利根川への排水路は、私領の大森村や竹袋村の地内を通らざるを得ない。手賀沼新田三九か村は幕府直轄領、大森・竹袋村は私領である。

大森村や竹袋村の言い分は、村の真ん中を六軒堀、弁天堀、金山堀の三本の手賀沼落とし堀が貫通している。手賀沼新田に土地は無いのに、排水路を一手に引き受け特に木下河岸では高瀬船や木下茶船の発着所と重なるため影響は大きく困惑している、と言うものであった。

両者の争いは宝暦五（一七五五）年相島新田の名主佐次兵衛が惣代となって、木下前向堤上の河岸の船頭の家まで手賀沼新田支配にして欲しいと願い出たことに始まった。

「佐次兵衛申上候者、三拾年以前井澤弥惣兵衛様御普請後、手賀沼御新田御公儀様江御願申上候得共、御直之御普請無之、」（印西市吉岡家旧記二）

「三拾年以前」とは享保期の事で、井澤の御普請だと言ってこの裁判を有利に進めようとしている。井澤御普請伝説はこの辺から始まったように見える。

佐次兵衛は享保期の開発の最中に千間堤のすぐ下の相島新田に来て、土地を買い集め目の前の千間堤が機能せず、五年後には切れていった姿を誰よりもよく見ていたはずである。だからこそ新田村々と共に、東京湾への運河掘削を何度も幕府に訴えようとしていた。

その願書を井澤に提出することはかなわず、井澤の御普請で無かったことは、誰よりもよく知っていたが、三〇年たって目の前の木下河岸との訴訟を有利にするためには、井澤御普請を強調せざるを得なかったものであろう。

第９図は弘化四（一八四七）年の済口証文の付図であるが、落とし堀の木下圦樋下に一三軒の船頭の家作が建っていることが分る。この堤と船頭たちの家は、どう見ても木下河岸で進退すべきものであることは動かせない。

宝暦七年の幕府の裁定もその通りになった。この時の幕府の裁定は、「手賀沼も大切、木下河岸も大切」と双方玉虫色の解決を図っている。

さすがに、囲い堤も一三軒の家作も竹袋村のもので勝手次第。ただし手賀沼新田の御普請の時は、

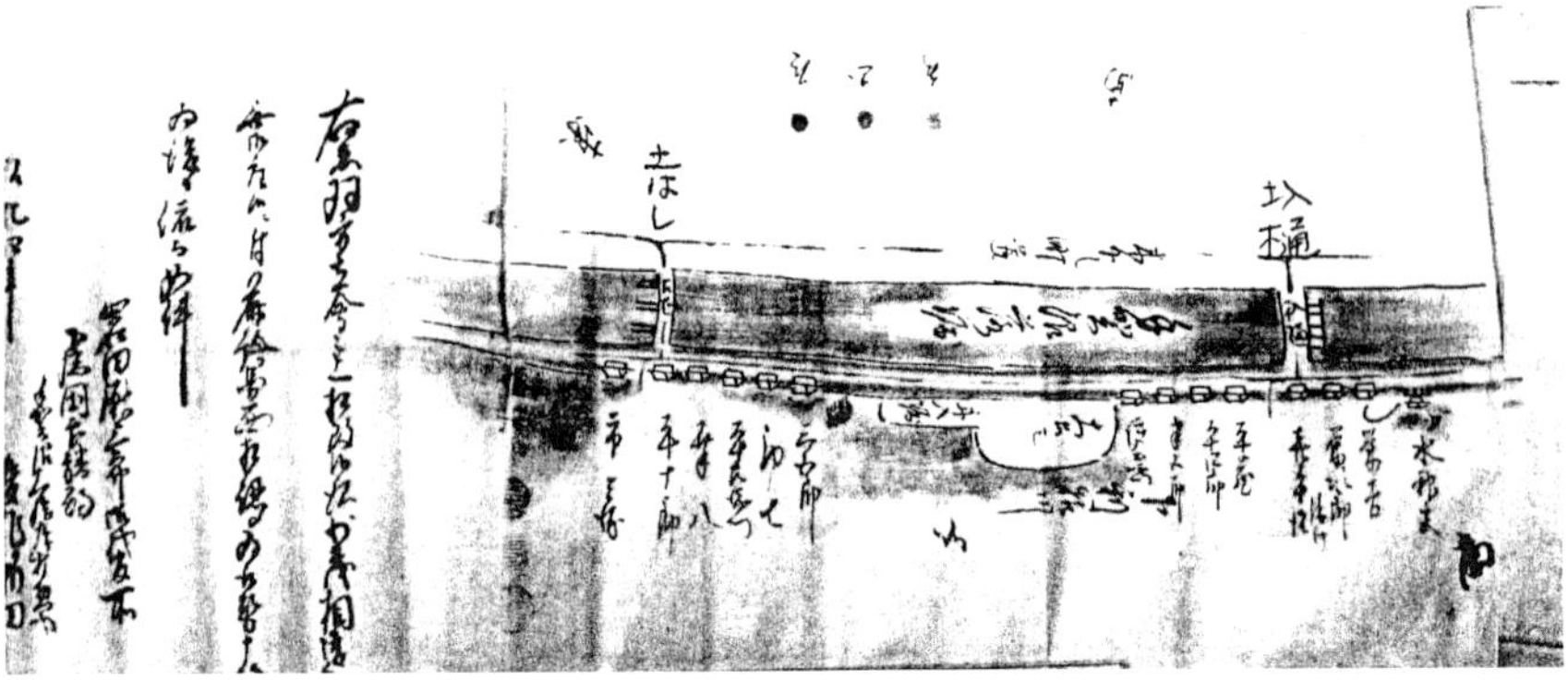

水神宮
栄吉
栄次郎後け
喜平治
平蔵
平四郎
半五郎
伊兵衛
三五郎
勘七
平左衛門
幸八
平十郎
市兵衛

第９図　手賀沼落堀出入り済口證文(千葉県文書館)

第10図　木下河岸の図(木曽名所絵図より)
木下茶船の発着所　手賀沼落し堀を使っている

掘りさらい、土揚げ場など自由にやってよい。障りのある時は家作も壊してもよい、終わったら建て直してもよい、と言うものであった。

前述のように宝暦期（一七五一～一七六四）は、農民の意識が向上し百姓一揆や村方騒動が多く、佐倉宗吾伝説の基となった「地蔵堂通夜物語」が作られ、手書きで書き写され伝播していった時代であった。

一般の農民でも、読み書きが自由になりつつあり、小さな伝説を農民自身が作り出していく時代になったように思える。生きていくために、嘘をつく事もあったのである。

しかし出入りはなおこの後も続いた。特に木下河岸が三社参りなど、木下茶船の需要が多くなると、船を排水路にも繋いだり、柳などの樹を植えたりもした。

前頁下図は茶船が手賀沼落し堀で客を乗せている。北側が利根本流で、山は筑波山か。この落し堀は竹袋村地内だが、手賀沼排水路のもっとも重要な落とし口であったため、双方譲れなかったのであろう。

この出入りの先頭に立ったのが相島新田の井上佐次兵衛である。この水行出入りを有利にするために、手賀沼新田は幕府直轄の御普請で，しかもあの有名な井澤弥惣兵衛の計画で実施されたといわざるを得なかった。新田村々の命綱となる主要な排水路が、直轄領でもない私領の他人の村（竹袋村）の真ん中をぶち抜くのである。幕府の権威と財政的負担で行われた御普請によって造られた新田であることを主張せざるを得なかった。

次の史料は宝暦一〇年戸張村の人々が運河開削を願って書いたものである。

「(手賀沼新田は) 享保一二年未年御新田方井澤惣兵衛様御積りを以て木下より負俵御床下ケニ被成下、猶又布瀬村下より沖田村下迄千間余之堤御普請被成下、・・・」

井澤の計画による御普請と言う事が当然のように書かれている。

しかし、興味深いのは、次の段で

「利根川へ御床下ケ被成下候而は、乍恐御新田出来仕間敷哉と奉存候。何卒以御慈悲手賀沼掘割谷津続キ戸張村より名戸ヶ谷村、増尾村、酒井根村、日暮村、大橋村、和名ケ谷村、国分村より行徳領河原村迄、凡道法四里半余御座候場所江手賀沼掘割床下ケ被仰付・・・」

三〇年前井澤がやったという計画を批判し「利根川へ排水したのでは手賀沼の新田開発はとても無理で、東京湾へ運河を掘ってくれ」と要求している。

運河構想は享保期の千間堤をつくっている段階から地元農民の中にはあったもので、地元民は千間堤には何も期待していなかったことがわかる。欲しかったのは井澤という名前と、幕府直轄の御普請と言う建前であったのだろう。

(2) 天保期の悪水出入衝突事件

明和、安永期と争いは続き、天保期には鉄砲、鳶口、竹槍など武器まで持ち出す激しい衝突も起こった。大森村側から三百人余が得物を携えて押し出し、新田方のリーダーである佐次兵衛ほか数人を捕えて監禁する事態に発展した。

次の史料は箕輪村中台家史料であるが、印西市の海野家史料など、複数の村で発見されている。

（柏市箕輪中台正夫家文書）

差上申済口証文之事

一　右出入訴訟方ニ而者、手賀沼縁三九ケ村惣代、相島新田名主佐次兵衛外一人ヨリ、去丑十月中相手之内大森村名主長左衛門外十三人江相掛悪水出入申立（中略）陣傘ヲ冠り野袴を着帯刀致候者十人程、其余相手武兵衛者鉄砲ヲ持、勘右衛門外拾弐人始凡三百人程、竹槍鳶口六尺棒等携押来り、矢庭ニ佐次兵衛外四人ヲ及打擲数ケ所為疵負、同夜与左衛門方江連行大勢ニ而取仕巻論所手入致候趣書付可差出、不承知候ハバ即座ニ打殺候杯と申威し、尚又強談不法取計仕、右者相手両村之者共悪水出入野方御裁許相背、不法之仕業および佐次兵衛外一人ヨリ出訴被致候ヲ遺恨ニ含ミ、何事か仕出シ右出入利運ヲ得可申と相巧法外狼藉之取計いたし候旨其外品々訴上、

（後略）

天保十三寅年五月二五日

訴訟人　右三拾九ケ村惣代

右発作新田　名主　惣左衛門

外

相手　稲葉丹後守領分

同国印旛郡大森村　大庄屋　勘右衛門
外

争いの場所は、堤は堤でも千間堤ではなく、大森村の手賀沼落し掘りの堤である。そして捕えられたのは上沼の大井村半次郎と、下沼の相島新田の佐次兵衛で、二人は味方同士で敵対はしていない。

大森村の勘右衛門など三百人余が鉄砲や竹槍、鳶口などを持ち出し、大森村に出張って掘りさらいを指揮していた四人を打擲に及び連行し、訴えを取り消させようとした争いをこの文書は伝えている。

三千人はいないが、『東葛飾郡誌』の嵐の夜千間堤破壊事件の様子とよく似ている。

ここに流血の争いをした当事者三人の家は、二五〇年も経て今なおそれぞれの村で続いているという現実が、地域社会の中で起こった水出入の複雑さを現わしている。『郡誌』の作者も木下河岸近くで起こった流血事件を、あえて千間堤に場所を変えて記述した可能性もある様に思われる。

写真の洪水の姿を見ると、排水に苦闘し鉄砲まで持ち出す争いがあったことも理解できる。

宝暦期に始まったこの排水路をめぐる争いは、天保期に至って流血の惨事を引き起こすにいたった。狭い地域社会の中で、洪水の水を利根川に逃がすことでは利害が一致していた双方に、真実を語れない側面もあったのかもしれない。

（3）伝説はいつ形成されたか　―宝暦期という時代―

初代井澤が亡くなって一三年後から始まる宝暦という時代は、庶民の意識の大きな転換期であったように思える。村役人層だけでなくごく普通の農民や町人でも識字率が上がり、自身の主張を明確に表現する手段を得たように思える。

名主などの村長の不正などを糾弾する村方騒動、百姓一揆の激増するのもこの時期である。一揆の実録小説が流布し、佐倉宗五郎の一揆伝説が庶民の手によってひそかに写し取られるようになった。庶民の都合がいい伝説が作られ、領主側にそれを受け入れさせていくこともあった。

手賀沼開発に関しても、井澤弥惣兵衛という幕府の地方巧者の計画による開墾伝説が定着していったのも宝暦・天明期である。むしろ農民側の都合によって井澤伝説も形成されたといった方が妥当であろう。

幕府主導の御普請による排水工事を引き出すには、その方が都合よかったからである。

そのため実体のない享保期の開発に、一五〇〇石の新田干拓という空手形を与えてしまったものであろう。

文化期になると高田氏の子孫、高田与清の『相馬日記』に記述され、それを写して『利根川図志』にも記されて出版される。

明治期には「手賀沼沿革史」によって、大正期には『東葛飾郡誌』によって定着し動かしがたい事実となってしまう。おそらく小さな歴史伝説はこのようにして形成され、後世に伝えられ平成の市町村史にまで残ってきたと考えられる。

まとめにかえて

幕府が利根川水系と東京湾・江戸川水系をつなぐ運河を模索したのは、近世初期参勤交代制が確立する頃、米やさまざまの物資を江戸に運ぶ水運を希求したときと、黒船が東京湾の入り口に近ずき、封鎖されることを恐れた天保期以降の二回である。

享保期の運河構想は、幕府にとって魅力あるものではなかった。治水対策と新田の開発だけでは幕府のメリットは少なく、民間資本に任せた方が得策と考えていたためであろう。

手賀沼干拓に即して言えば、寛文期の海野屋作兵衛ら江戸商人一七人の干拓も、享保期の紀州出身の江戸の商人高田友清の干拓も、商人請負干拓であった。

幕府は許可はしたが直接関与せず、排水の困難さもあって両者とも苦難の連続であった。前者は六〇年の歳月を経て享保十五（一七三〇）年に検地にこぎつけたが、後者はまったくの失敗に帰した。

排水する利根川との間は三キロほど隔たっており、その間に大森村と竹袋村と言う私領の村があったからである。三本の排水路は、いずれもこの二か村の真ん中を縦断しており、特に利根川への落とし口は木下河岸の表玄関で、多くの船の発着所であった。

ここに新田村々が幕府の御普請、井澤の計画と言う嘘をついてまで、命綱である排水路を維持しなければならなかった理由があった。

享保期の手賀沼新田開発を中心に検討を加えてきたが、井澤弥惣兵衛の計画かどうかはそれほど問題ではない。享保期の手賀沼新田開発そのものが失敗し、何の成果も得られなかったと言う事を立証したかったからである。

八代将軍吉宗の新田開発政策にはいくつかの共通する特徴がある。この地域でも佐倉小金牧周辺の「原地開墾」、利根川など大きな河川敷を開発しようとした「流作場開墾」と、手賀沼水内の「反高場開墾」の三者に共通点が多い。

幾人かの大名領の間を流れる河川敷や湖沼、山林・原地などを一括幕府直轄として、幕府が主体となって開発を実施し天領に組み込む。すっぽり私領に囲まれた遊休地は大名の開発を許したが、私領間の堺が明確でない土地をすべて直轄領として組み込む「山川掟」をつくって、分割民営化して様々な規制緩和（例えば土地永代売買禁止令の罰則規定を廃止したこと）をして、積極的に民間資本の導入を図ったことである。

農民からすれば、あまり望まない開発を半ば強制されることになり、しかも一定の地代金をとられる。幕府の関与は出来るだけ抑え、民営化による地代金とわずかでも税をとろうとした。

このため実際の開発は進まず、小金原などの原地新田は、野馬土手なども多くは自普請で粗末なもので、再び野馬が新田地に入り込み元の牧場同様の野馬入り場に復した。

河川敷の流作場は洪水の頻発によって、三年に一度の収穫もおぼつかない状態で、両方とも検地を実施して、堺杭や境の柳を植えたが、野馬と洪水に敗れた。

手賀沼の水内地所、反高場も一〇〇年以上も開発できなかったように、開発の実態の伴わないものも多く、幕府の年貢増徴策の一環として実施された分割民営化に過ぎなかった。

このように享保期の手賀沼開発も、吉宗と地方巧者井澤の開発として、過大評価してきたことが誤って理解された原因があったのかもしれない。

幕府にとっては財政の立て直しには成功し、中興の祖として以後の寛政改革や天保改革の手本とされたが、農民などからみれば必ずしも名君という評価が当時からあったとは言えない。

当時「お上のお好きなもの、御鹿狩りと、下の難儀」というざれ歌や、極端な倹約令に対する反発などの批判があったことも知られる。吉宗人気は意外と後世になって生まれた可能性が強い。

井澤弥惣兵衛は「寛政重修諸家譜」や「徳川実記」によれば、享保八（一七二三）年紀州より江戸に召されて勘定となり、同十年勘定吟味役格、十六年勘定吟味役になっている。江戸に出た時すでに六〇歳を超えていた。飯沼干拓（茨城県）や享保十三年には見沼代用水（埼玉県）にかかわっていた。双方とも千町歩を超える新田開発を成功させている。

既に六十五歳という高齢で、手賀沼まで兼任するには無理があったのではないか。それに手賀沼は二百町歩程度の開発で、千間堤は民間の高田氏が担当となれば、それを監督する立場で勘定普請役二人も付けば済む事業である。事実手賀沼の圦樋が破壊された場合、その修復工事の監督には普請役二人が当たるのが慣例であった。普請役は勘定の下役で御家人である。

井澤は元文三（一七三八）年に七十六歳（八十五歳説もある）で死去するが、息子の楠之丞が井澤弥惣兵衛を名乗り、翌四年から関東天領の新田をいくつか預けられ手賀沼もその担当の内になった。この偶然が後の地元民に井澤が手賀沼の新田方になったという誤解を生んだ。

元文四年以降手賀沼周辺の史料に現れるのは、息子の井澤である。もちろん井澤之側から発行した史料も存在する。

半世紀余りも古文書を読んできたが、その中の嘘を見抜くことは難しい。

歴史の嘘を見抜くには、「何時」と「何故」という問いかけが欠かせないが、狭い島国に生きる日本人は、厳密にこう問うことを嫌う。

何故という問いかけにも、そんな理屈っぽいことはどうでもよい、となんでも曖昧にしてしまうところが我々の中にあるのではないだろうか。しかし、あえてそこを乗り越えないと、伝説は何時までも伝説のまま残るように思われる。

手賀沼開発史年表

元和七（一六二一）年　幕府、赤堀川の掘削を始め、利根川の水を一部銚子筋に分流を図る。なかなか成功せず承応三（一六五四）年、三回目の工事で通水する。（「徳川実記」）

寛永八（一六三一）年　幕府、手賀沼と江戸川（太日川）を結ぶ運河掘削を計画したが、将軍秀忠の死によって中止する。（「徳川実記」）　以後利根川東遷の諸工事を集中的に実施する。

寛文元（一六六一）年　幕府、代官細田小兵衛、近山五郎右衛門に、武蔵、下総、常陸の新田と河川の巡察を命ずる。（「徳川実記」）

寛文三（一六六三）年　細田、近山、竹袋村新田検地、同五年布佐村新田検地。

寛文六（一六六六）年　幕府、新利根川を開削し（八里、三二キロ）布川・布佐間の利根川本流を締め切り、下利根川一帯の新田開発を細田、近山両代官に担当させるも、同年洪水により失敗に帰する。（「徳川実記」ほか）

同　年　この洪水により、小貝川中流域の佐倉藩領の村々、被害を訴える。（花野井吉田家文書）

寛文七（一六六七）年　新利根川をあきらめ、利根本流を元の流れに戻す。二人の代官は罷免され、棚倉、三春藩に預けられる。（「徳川実記」）しかしこの工事で、利根川と手賀沼の間、布佐、大森、竹袋村で約一三〇〇石余の新田が出来る。（丑の新田）

寛文十一（一六七一）年　江戸の商人、海野屋作兵衛ら、一七人の商人を請け負い方として手賀沼開発許可される。木下と六軒に、堤と圦樋が設置され、手賀沼はほぼ閉鎖水域となる。（成田山霊光館文書）

延宝元（一六七三）年　新田請負方仲間、議定書を作り干拓工事進める。（印西市・富田家文書）

延宝五（一六七七）年　手賀沼干拓困難を極め、伊勢屋彦左衛門外四人の商人、六五両の分担金払えず脱落、江戸に引き上げる。（同右文書）

延宝六（一六七八）年　鍬下七年の期限を三年延長してもらい、新たに新田請負方四人にて、三八〇両上納し絵図と手形作成して干拓の進展を図る。（印西市・富田家文書）

天和元（一六八一）年　この年鍬下十年の年季切れる。検地できず、「反高請地」二九〇町歩を設定する。（「手賀沼沿革史」）

元禄二（一六八九）年　海野屋作兵衛「新田請地四〇〇石面、手作り地一〇〇石面子々孫々に残すよう遺言を残して死す。（印西市・海野家文書）

村田屋嘉兵衛、新田地購入して発作に移住、「間口五五間、沼行御新田並」の土地外を三〇両で購入。（まだ検地はされていない事が分る。）（印西市・越川家文書）

元禄十三（一七〇〇）年　利根川洪水、六軒圦樋破壊し手賀沼氾濫。（『柏市史年表』）

宝永元（一七〇四）年　手賀沼漁業場争論裁許、入会漁業権拡大し、大井村も入会漁業権を得る。（柏市大井石原家文書）利根川洪水布佐堤決壊。

正徳元（一七一一）年　手賀沼新田地を鷲野谷村に譲り、請け方の一人山中正倫、手賀沼より撤退する。（鷲野谷・染谷勝彦家文書）

享保六（一七二一）年　手賀沼布佐堤決壊。木下した、一丈三尺。（印西市・吉岡家文書）

享保八（一七二三）年　手賀沼築留圦樋決壊。木下堤総越となる。（「手賀沼沿革史」）

享保十二（一七二七）年　手賀沼、高田友清の出資で千間堤工事始まる。同十四年竣工。（五条谷・小林家文書）この頃相島新田に井上佐次兵衛、新田の干拓に乗り出す。（我孫子市・井上家文書）

享保十五（一七三〇）年　手賀沼古新田検地が、勘定組頭小出嘉兵衛、八木清五郎によって実施される。ただし、千間堤には関係なく六〇年以前の海野屋作兵衛らの開発地の検地。（この検地帳は多く存在する）（印西市・富田家文書）

享保十六（一七三一）年　手賀沼反高場検地実施する。水内地所出来るも、明治期まで開発されず。（鷲野谷・

享保十九（一七三四）年	手賀沼洪水、千間堤総越となり被害甚大。千間堤はこの後修理された形跡なし。（印西市・岩井家文書）
同　年	手賀沼新田村々、手賀沼より東京湾まで運河掘削を要求する文書作成するが、提出できず。（我孫子市・井上家文書）
元文三（一七三八）年	初代井澤弥惣兵衛死す。二代目井澤弥惣兵衛翌年から手賀沼新田管轄下に入る。（「寛政重修諸家譜」）
元文四（一七三九）年	今井新田名主と惣百姓との間に、村方騒動起こる。史料の中に「井澤弥惣兵衛様手賀沼新々田取立」云々の記載有。（印西市・富田家文書）
寛保二（一七四二）年	利根川洪水、笠神圦樋決壊、江戸深川で水死人出る。（印西市・吉岡家文書）
寛保三（一七四三）年	手賀沼洪水にて利根川堤三か所及び圦樋破損する。（印西市・岩井啓治家文書）
宝暦七（一七五七）年	手賀沼六軒堤決壊、水位一丈五尺、（四メートル五〇）（印西市・吉岡家文書）
同　年	手賀沼新田村と、竹袋村など落とし堀出入内済する。（印西市・宮嶋由雄家文書）
宝暦十（一七六〇）年	戸張村より行徳領川原村まで運河掘削を請願。（戸張・浜島照佳家文書）
明和八（一七七一）年	再び手賀沼落し堀出入再発し、裁許状出さる。（布瀬・山崎秀夫家文書）
天明三（一七八三）年	浅間山爆発、利根川、上・中流域川床上昇し洪水多発。（花野井・吉田家文書）
天明八（一七八八）年	手賀沼新田と竹袋・大森村排水出入再発。（印西市・富田家文書）
文化九（一八一二）年	千間堤跡地に架橋願い出さるも、上沼村々の反対でできず。（大井・石原家文書）
天保四（一八三三）年	手賀沼落し堀出入、怪我人が出る争いとなり、三度内済する。（我孫子市・飯泉不二夫家文書）
天保十三（一八四二）年	手賀沼悪水出入が、激化し三百人余が鉄砲、竹槍、鳶口など持ち出し争う。この年内済できる。（箕輪・中台貞夫家文書）
慶応二（一八六六）年	矢田部村沖右衛門ら三〇名、手賀・印旛沼開発願書を出す。
明治元（一八六八）年	岡発戸村岡田安左衛門ら、三二名手賀沼開発の「新開議定書」を提出。

明治三（一八七〇）年　七月午年の洪水、利根川水位十六尺五寸（五メートル）観音堂堤切れ、切れ所沼（五町歩）できる。（「手賀沼沿革史」）

明治四（一八七一）年　大蔵省「手賀沼入札」布告。相島新田名主ら入札反対の嘆願書を提出。（布瀬・山崎家文書）

明治五（一八七二）年　印旛県令河瀬秀治外、手賀沼調査絵図面提出を村々に達す。

明治六（一八七三）年　手賀沼開発絵図面できる。絵師発作の越川芳斉。この絵図によって、入札によるよそ者の開発を牽制。（鷲野谷・染谷家文書）

【主な参考文献】

『千葉県東葛飾郡誌』　東葛飾郡教育会　大正一二年

２千４００ページ余に及ぶ著作で、多くの史料を載せている。一九九八ページに手賀沼鳥猟場来歴がある。史料による確認が必要と思われる。

『印西町史　史料集　近世編一』　昭和六一年　印西町

吉岡家旧記（一）、（二）、（三）その他史料を掲載する。近世の中ごろ、宝暦期以降の史料が大半で、享保期の原史料等は無い。

「手賀沼沿革史」　植村国治　昭和九年（明治四三年ガリ版刷り五〇部発行）

白井町史　史料編に転載されている。年表式の初めての手賀沼研究史。

筆者は初期手賀沼干拓者で、発作村名主も勤めた植村氏の子孫、明治時代以降の事項は詳細に記載されているが、享保期の記述に間違いが目立つ。

『河岸に生きる人々』　川名登　平凡社　一九八二年

利根川水運の社会史を幅広く描いている。

『沼南町史　近世史料Ⅱ』　平成一六年　沼南町教育委員会

巻末に「手賀沼関係史料」近世史料約一三〇点を掲載。初めて近隣市町村の史料を集めて、手賀沼全体の近世、近代史料を紹介している。

『柏市史』（沼南町史、近代史料）巻末に「手賀沼関係史料」の近代史料約一二〇点を掲載している。柏市だけでなく近隣我孫子市、印西市、白井市等の史料を掲載している。

〈付論〉まえがき

吉宗の世紀　享保改革の経済政策

八代将軍吉宗は、江戸城に生まれ育った将軍ではない。御三家とはいえ紀州藩の徳川光貞の四男、しかも庶子である。母は使用人から側室になった於由利の方で、吉宗は元禄十年（一六九七）越前の葛野藩（紀州藩の支藩）三万石の藩主になったが、そこで終生を過ごしてもおかしくなかった。宝永二年（一七〇五）十二月、突然呼び戻されて紀州藩主となる。この年五月紀州藩第三代藩主になっていた長兄が急死、八月隠居していた父光貞がなくなり、九月第四代藩主となった三男も急死する（次兄は夭折）。わずか五ヵ月の間に藩主と前藩主三人が相次いで亡くなるという異常事態で、疫病という説もあるが吉宗は急きょ第五代紀州藩主となったのである。

紀州藩主としての数年間は、藩財政の立て直しのため、倹約令や新田開発などの政策をとり一定の成果を上げた。しかし、幸運はこれに止まらなかった。

本家江戸の七代将軍は病弱で八歳でこの世を去る。跡継ぎはなく、御三家筆頭の尾張藩の内情もあり、吉宗は享保元年（一七一六）八代将軍として江戸城に入ることとなる。

ホップ、ステップ、ジャンプで将軍になってしまった吉宗は、それまでの経歴から現実の社会の仕組みも、庶民のことまで通じたまれな将軍といえよう。

享保という時代

江戸時代の半ばの享保期は、幕府政治の一つの転換期にあたり、商業資本の台頭と裏腹に、幕府や領主財政の悪化が目立った。百姓一揆も各地に起こり始め、相対的に武士階級の経済的後退が続いた。

吉宗は自ら倹約の先頭に立ち、かなり徹底した倹約令を実施する。世事にもたけた吉宗ならではの実行力ある倹約は、庶民に至るまで強制され反発も招いた。御三家の尾張藩の徳川宗春は吉宗の倹約令に反対して、名古屋では幕府の方針にも背向く施策も実行したため、叱責され謹慎の命を受けた。

年貢を一方的に集めるだけの「お上」が庶民から取るだけとって、倹約令をもって出るを引き締める（やらずぶったくり経済）では、経済は逼迫する。尾張の宗春の言い分にも一理あったのである。名古屋に商人は集まり、中京としての繁栄をもたらしたのも事実であった。

吉宗は新田開発政策でも、積極的に商業資本を活用し、町人請負新田を許した。このため田畑永代売買禁止令はおおきな力セになっていたが、これを緩和し罰則規定を事実上なくすなど、大幅な規制緩和と分割民営化を図る新田政策を打ち出したのである。

幕藩制社会にあっては、石高制のもと田畑の耕地は正確に把握され、領地として大名や旗本に分割されていた。しかし、それ以外の山林、河川敷、池沼などの荒蕪地など、私領間の帰属の明確でない土地が多くあった。これを「山川掟」を作って私領にすっぽり入っている土地以外すべて幕領として、新田開発も幕府がすべて許認可権を握った。

これによってまた、農民側に頻発していた「秣場出入」を裁く糸口もつかんだのである。このような非常に現実的で厳正な諸政策をとれたのも、吉宗とその側近の家康以来の祖法を変えても、現実に目を向ける改革派路線が希求される時代の要請があったと言えよう。

幕府財政は奇跡的に好転しても、幕府の負担による御普請を減らし、農民たちの手で行わせる自普請を増やし農民たちの反発も買うことになった。お上のお好きなもの「御鹿狩りと下の難儀」というざれ歌が世に広まったのもうなずける。当時の農民たちにとって、必ずしも吉宗は名君ではなかったようである。吉宗名君伝説は後世に作られた可能性が強い。

下総における三つの開発政策

享保期から元文期にこの地域に、三つの開発政策が実施される。一つは、利根川などの大きな河川の河川敷を、流作場として開発しようとするものである。これは、付編として既論文を掲載したので参考にしていただきたい。

第二に、幕府直轄の小金・佐倉牧の周辺を狭めて、一万町歩余の原地新田を牧周辺村々に村請で開発させようとしたものである。水田と違って、簡単な野間土手（堀）を作って野馬牧と分断して畑新田を創出するもので、代官小宮山杢之進を担当者として享保十五年（一七三〇）には検地を実施している。

第三は、手賀沼、印旛沼などの湖沼の新田開発である。低地の多いこの地域では利根川などの洪水の頻発や排水が出来ずに困難を極めた。

何れも幕府領の年貢増徴策を図ったものであったが、幕府は金を出さず、商業資本や村請による開発を狙ったため失敗することが多かった。

前述の三つの試みは何れも失敗に終わった。流作場は堤防も築かず洪水対策も取らずに失敗し、牧開墾は野馬と棲み分けが出来ずに、再び野馬が粗末な土手を越えて新田地に入り込み、半分以上は牧地に戻った。沼地開墾は排水が困難で、また洪水を防げず、手が付けられなかった場所が多かった。

このように吉宗の改革は、思い切った規制緩和と、分割民営化を図った土地政策に支えられて実施されたが、倹約令などもあって幕府財政の立て直しには一定の効果はあったが、農民の支持を得られたようには見えなかった。

〈付論〉
秣場《まぐさば》争論と中利根川流域の流作場開発
―享保改革期末耕地開発への農民の対応―

（平成元年『海上町史研究』第３０号より）

一　はじめに

「流作場開発」は従来、享保改革後半期の幕府勘定方による年貢増徴策の一環としてとらえられてきた。大谷貞夫氏は、下利根川流域におけるこの問題の検討の中で、基本的には元文―延享期に勘定奉行神尾若狭守と勘定組頭堀江荒四郎によって推進された年貢増徴政策として指摘された。(注1)

大石学氏は、元文四年（一七三六）以降、関東において推進されていく流作場を年貢増徴策という側面をふまえ、従来の徴租法の転換期として、石盛を無視する形で生産力を再評価、収奪する方法を堀江らが打ち出したと指摘されている。(注2)さらに流作場検地による農民個人個人への割地が実施される過程を指摘され、次のように述べている。

「しかし、これをたんに『農民的土地所有の推進』と見ることは早計であろう。この変質は、あくまでも幕府の年貢増徴政策に基づいて行われたものであり、その結果、農民は土地を得るかわりに再生産に必須の肥料供給源であった広大な秣場を他に求めなければならなくなるのである(注3)」

そして両氏は幕府の年貢増徴策は一定の成果をあげたとされている。大谷氏は「流作場新田として検地帳に登録し、本年貢を課したという事実は、元文—延享という年貢増徴の時代を反映するものであり、またどんな土地からでも、『絞れば、絞るほど（年貢）出る』という印象を神尾春央に与えたであろう」と述べている。(注4)

大石氏も「享保改革期における元文—延享期というのは、まさにこうした旧来の徴租法からの転換がはっきりと打ち出され、しかもそれが一定の効果をあげた時期であった」(注5)と述べている。

幕府の年貢増徴策の一環、また旧来からの徴租法からの転換とみる見方を否定するわけではないが、流作場開発に対する農民の対応は幕府の意図を簡単に貫徹させるほど単純ではなかった。視点を享保改革前後の未耕地開発にたいする農民の対応にすえて見る時、次のような疑問がわく。

① 享保期に先行する、元禄・正徳期からの「秣場出入」の頻発が、幕府と農民側双方に流作場開発の契機をつくっているのではないか。

② 幕府の開発政策以前に、「古流作場」開発は私領主と農民の間ですでに実施されている。

③ 何故「流作場開発」は例外なく「村請」開発となるのか。

④ 開発の実態に乏しく、「検地はしても高入れできず」、多くは反高場のまま幕末まで推移している。

流作場開発は、「頻発する村々の秣場出入」にはじまり、願人による開発を否定して「村請」を確保し、割渡しの段階では「地割をめぐる村方騒動」をひき起こし、それでもなお開発されることはほとんどなかった。この事実はどういう意味を持つであろうか。

幕府の年貢増徴の意図を「村請」を確保しながら、たくみにそらしていく農民の対応を検討することによって、享保期末耕地開発の一つである「流作場開発」の農民側からの意味を検討の対象としていきたい。

二　利根川通嶋谷地秣場出入

天和二年守谷領・小金領出入

正徳・享保期における公事訴訟の増加には目をみはるものがある。それも個々の領主の裁定では解決し得ない訴訟が多く、越訴に向う可能性を持った秣場出入、漁業権を争う訴訟などである。幕府評定所の裁定が求められる場合も多い。

布施村は下総国相馬郡、利根川の河岸場でもあり、守谷—岩城への街道の渡し場という水陸交通の要地に位置した村である。家数一六六戸（宝暦五年）、人数九四〇人に対し、馬数一三八疋と多いのはこのためであった。村下に二六〇町歩余の嶋谷地を持つ村方でもあったため、秣場をめぐる出入にはむしろ積極的にかかわっていかざるを得なかった。

この布施村自身（名主か）が書き綴った「流作場一件書抜」(注6)は農民が流作場問題をどうとらえているかを知る好材料である。年表式に整理されているがその書き出しも、天和二年の守谷領との境出入から書きはじめている。

天和二年（一六八二）四月、利根川南側小金領柴崎村と青山村が対岸守谷領の野々井村、稲村を

第１図　天和2年守谷領と小金領領境出入裁許絵図
柏市花野井吉田俊二家家文書より作製

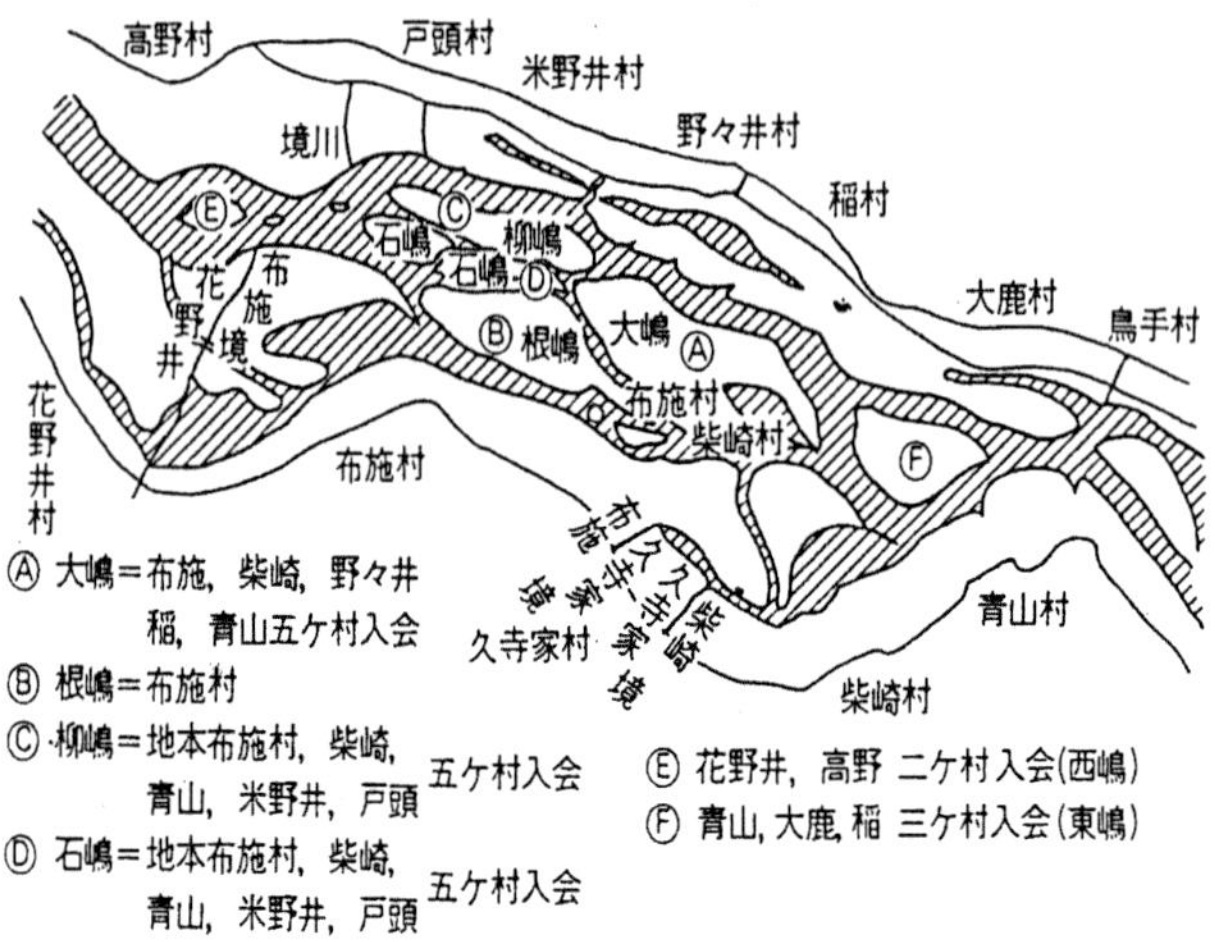

相手として訴えた出入である。利根川寄洲の嶋沼での網漁をめぐる対立から秣場出入に発展した。

柴崎、青山村の言い分は、領境は利根本流であり、南側の嶋沼は我等村方の運上場である、と主張し、去ル三月十六日、この地で大網を引いていた所、相手村の者共大高瀬舟二艘でおしかけ我等村方の者を打ちふせ猟舟二艘と網を奪い取ったと訴えた。

利根川の本流が北に移ったため、南側にできた広大な嶋沼をめぐってそれぞれが自分の村の地敷である。川役などを領主に上納してきたと主張し合った。

第１図はこの時の裁許絵図の略図である。村下嶋谷地の入口に村境を引き、利根本流南側の嶋は布施村をはじめとする小金領村々に地本（地敷の権利）を与えた（Ⓐ から Ⓓ）。そしてⒷ、Ⓕは利根本流の真ん中にあったため、地本は定めず入会としている。この裁許によって

①大川（利根本流）中通りを限って北は守谷領、南は小金領と川境で分けた。

②地本、地敷の権利を当該地に近い村方に与え、上草の用益だけなお数か村の入会地として残した。

布施村にとっては、村下の根通しの嶋谷地すべてと根嶋、石嶋、柳嶋の半分（東半分は柴崎村地本）の地本の権利が認められた。一歩前進である。以後布施村は二六〇町歩以上の未耕地をかかえ、南側村々との秣場出入、流作場問題には積極的にかかわりつづけることとなる。

翌天和三年、布施村と青山村との間で起こった出入では死人が出る事件となった。(注7) 青山村の者二人が布施村谷地で馬草を刈っていたところ、布施村の者六人が追いかけ、二人は逃げる途中、川にはまって死亡するという事件である。双方死体の受け渡しをめぐって争いがあったが、布施村の六人が奉行所に捕えられ、三人が牢死した。残りの三人は柏村長全寺などのとりなしで内済、許されて帰村したが、この出入は後々まで尾を引く事となる。

宝永期「御立野」反対の越訴一件

秣場出入に苦慮していた布施村にとって、外部の開発願人の出現は新たな不安材料であった。宝永二年（一七〇五）、江戸の人（氏名不詳）が布施村他五カ村の村下嶋谷地の開発願いを田中藩江戸屋敷に提出する者がいた。(注8) 田中藩では五カ村の秣場なので惣百姓と相対の上、再願するように申し渡し、すぐには許可しなかった。

このため後述するように正徳二年（一七一二）に再願することとなる。しかしその前に、領主から五カ村下秣場を「御立野」として召し上げ、草取り馬放ができなくなるかも知れないという事態が起こった。これに対する五カ村の、特に惣百姓の対応は早く、そして激しいものがあった。

布施村は独自に「御立野」反対、惣百姓への割地要求という積極的な対応策をとっている。布施

村が、嶋谷地を守るために「村請開発」を申し出た最初である。(注9)

次にあげた史料の中にも「嶋谷地不残惣百姓銘々割地ニ奉願候、(そうしてもらえるなら)御運上金之義ハ何分ニモ御料簡次第急度上納可仕候」と述べ、その上田畑に開発できる所は開発して年貢も上納すると申し出ている。

宝永五年　根通御立野百姓持分願書

乍恐以書付奉願候事

一　布施村下嶋谷地之内根通去亥十月御立野被　仰付御定杭御立被　遊候ニ付、御立野之内草苅不申馬放不申候様ニ被　為仰付候儀御尤奉存候へ共、馬ふせき可申様無御座迷惑仕候、且又去亥十月中願書指上申候通惣百姓色々難儀仕、漸当村地ニ相究申候場所之儀ニ御座候ニ付、御慈悲ニ右之場所惣百姓ニ被　下置候様ニ奉願候事、

一　右之場所并其村之嶋谷地不残惣百姓銘々割地ニ奉願候、願之通被　仰付被　下置候ハヽ、当分ハ御運上金之義ハ何分ニも御了簡次第急度上納可仕候、其上田畑ニ開発仕候而、□場所ハ無油断開発仕候而、御

改請御年貢上納可仕候、田畑ニ開発難成場所ハ銘々
草苅場、或ハ萱場ニ仕置御運上指上可申候事、
一　右御立野ニ被　仰付候場所一面ニ萱生立候者、猪鹿
者不及申狼等太分すみ候而、人馬出入可仕様罷成間
敷と迷惑奉候間、奉願候通被　仰付被下置候ハヽ、
難有仕合ニ可奉存候、　以上

宝永五年子正月
布施村
名主　善　兵　衛
代官所様　　　　　他
（千葉大学所蔵文書『柏市史資料編五』）

「運上金」とは地代金の事であり、布施村惣百姓の「村請開発」「秣場確保」の要求が強いことがうかがわれる。

これに対し船戸、小青田、大室、花野井四カ村の惣百姓は、村役人層とは別に越訴の構えをみせて抵抗した。彼等は「御立野」の中止要求を掲げて、江戸屋敷まで罷登るから船戸役所に添状を書いてもらえる様に取計方を名主に要求した。添状がもらえなくとも明日三日には罷登ると申し入れたため、名主、組頭達は驚いて船戸役所に注進した。このため田中藩では天野与次右衛門と中村八右衛門両名を派遣し、「百姓共不残千住宿より御引き戻し」をした。

田中藩ではこの事件を穏便にすまし、江戸までは罷登らなかったとして「御用捨」を仰渡した。(注10)また布施村に対しては、四カ村の徒党に加わらなかったからとして、米百俵を褒賞した。越訴を恐れての故か「御立野」問題も立ち消えになったようである。

村役人層よりも、惣百姓の意志が五カ村々下の秣場召し上げを拒んだ原動力であったといえよう。田中藩が外部の開発願人に「五カ村惣百姓相対の上」として積極的に下渡しを推進できなかったのも、この様な反対運動があったためである。正徳二年願人が再願のため村方に次の様に願書を提出した。(注11)要約すると、

① 五カ村々下に願人入用を以、堤を築き堤内新田とする。

② 新田の三分の二は五カ村惣百姓に割渡す。

③ 七カ年の耕野のうちは惣百姓に一切懸りはかけない。八年目検地惣百姓銘々名請して地頭に年貢を納入する。

④ 秣は今まで通り五カ村ばかりで刈り取る。

非常に農民に有利な条件であったにもかかわらず、この開発は実施されることはなかった。

正徳四年、四カ村秣場出入

正徳四年（一七一四）四月、久寺家村の百姓が隣村柴崎村の大勢の者に鎌を取り上げられ、出入が起こった。布施村と青山村が扱人に入ったが、扱人も出入に巻き込まれ、布施、久寺家村対青山、柴崎村の四カ村の出入となった。(注12)

同年六月、布施村と青山村はそれぞれ村下の嶋谷地の一村秣場を認め合って内済したが、布施・柴崎村は折り合いがつかず、双方より奉行所に訴えお互いに訴答を繰り返した。幕府評定所の呼び出しをうけて正徳五年四月出頭する際、布施村と久寺家村は共同で絵図を作製している。小金町の絵師にたのんで三カ月を費やして作成している。その費用は四〇両であった。

正徳五年七月二十五日、評定所は伊勢伊勢守以下十一人で裁許している。(注13) 伊勢守はこの年府中是政村の秣場出入に端を発した騒動を裁いて、裁定が軽すぎるとお目見え遠慮とされた勘定奉行である。(注14) 江戸近郊の天領で起こったこの打ちこわしを伴った騒動は幕府をよほど震撼させたようである。

第2図はこの時の裁許絵図から作成した略図である。第1図（天和二年裁許絵図）と比べても一村秣場を認める方向はみえるが、大きな違いはない。評定所の裁定も明確な入会地の出入を裁く、新しい規準を打ち出すことができず、前例にならい、証拠調べをして数カ村の入会秣場と一村秣場両方を認知している。

下総国相馬郡久寺家村与柴崎村并布施・青山両村野境
論裁許之事、久寺家・柴崎両村所論之秣場久寺家村者
古来一村之谷地と申之、従来柴崎村者居村青山・布施
三ヶ村之秣場ニ而久寺家村者入会も不仕、惣而根嶋者
三ヶ村入会ニ而、布施村前迄入来、其上青山郷指出ニ
も書載有之旨答之、右四ヶ村立会絵図申付遂吟味之処、

三拾四年以前利根川猟場裁許絵面久寺家野境此度之論地之内も書記有之、其外ニ者可取用証拠之書物等互無之、布施村弐拾五年以来根嶋・前嶋弐ヶ所之嶋野銭出シ来事歴然之上、所指之境張宜備支証仍向後東之方小川迄之間者久寺家・柴崎・青山三ヶ村可入会、但根通谷地沼迄之間者用古絵図之境筋可為、久寺家一村之秣場西之方者悉皆布施村一村秣地相定畢、且青山・柴崎両村地元境之儀、古来入会無紛之上者此後称不及異論可為如有来、今般逐一加僉議絵面引墨筋各印令、裏書双方江下置之間永不可違失者也

正徳五年乙未七月廿五日

伊　伊勢御判
水　伯耆御判
水　因幡御判
大　大隅御判
中　出雲御判
坪　能登御判
松　壱岐御判
井　遠江御判

第２図　〈正徳５年布施・久寺家村と柴崎・青山四ヶ村秣場出入裁許絵図より〉

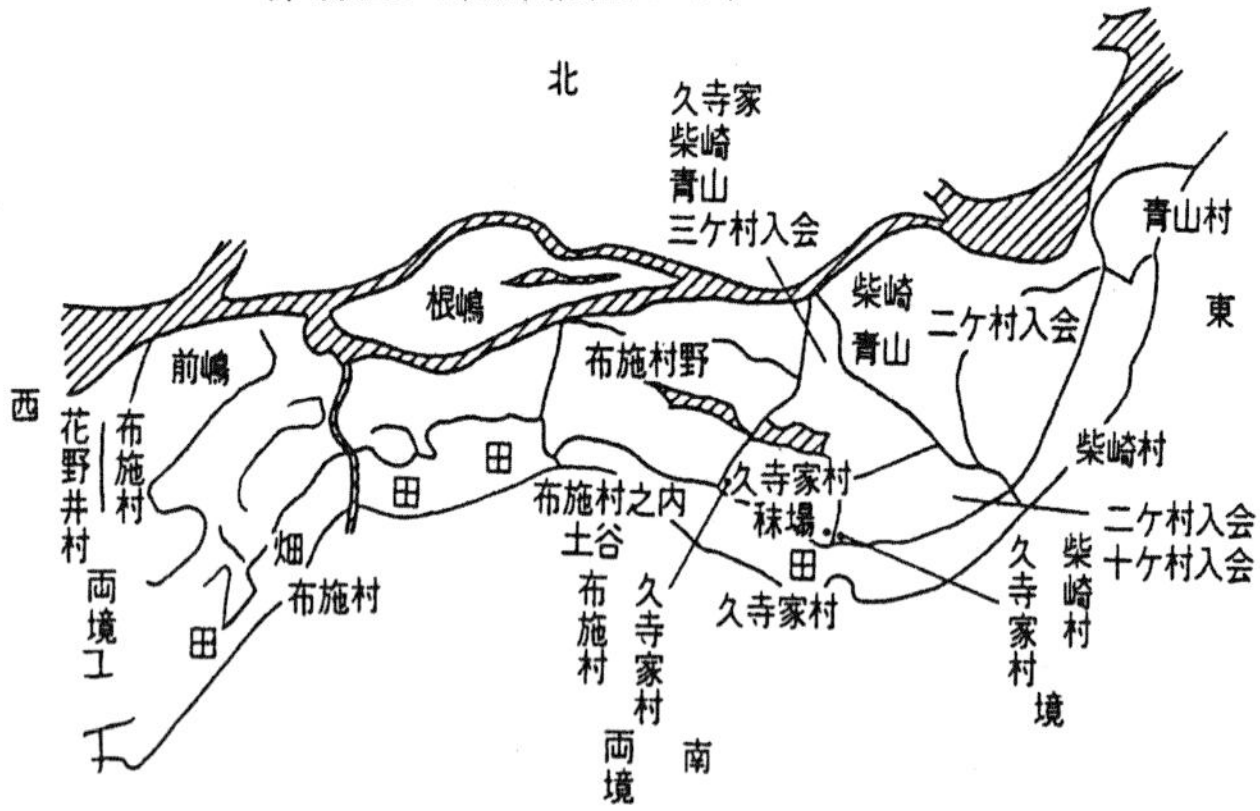

石　近江御判
土　伊予御判
松　対馬御判

この裁許状を見る限り、以前にあった出入の裁許を唯一の証拠として裁定しており、伊勢伊勢守を中心とした評定所も、頻発する他領にまたがる秣場出入に対応する新たな方法と思想を持ちえず、一方、農民は秣場出入で徒党、越訴の構えを見せはじめており、幕府もきびしい対応をせまられてきていた。

伊勢守はこの直後に先に述べたように、府中領の裁定が適正でなかったとしてお目見え遠慮の処分をうけ、評定所留役も何人か罷免された。翌年、吉宗が将軍に就任する。

この出入で布施村が支払った努力と費用は「嶋出入村入用帳」によく表れている。一三六両余を費やしているが、そのうち五〇両余は村方で負担し切れず借入金で支払っている。しかし布施村から見ればこれは前進であった。船戸役所に提出された「四カ村秣場出入御裁許之趣書上申事」(注15)は布施村が提出したものであるが、布施村下の谷地のほとんどが一村秣場として認められた。

「一前嶋　布施一村之秣場
一根嶋（布施村下根川と中川の間）　布施村一村秣場
一布施村根通谷地　布施村一村秣場

一久寺家村根通谷地　久寺家一村秣場
一嶋（久寺家村下）　久寺家、柴崎、青山三カ村入会
一嶋（柴崎村下）　柴崎、青山村二カ村入会　」

こうして布施村下二六〇町歩余の嶋谷地は、布施村の秣場として一応の決着はみたが、これで布施村の不安が解消したわけではない。村民の側からこの土地を流作場として一定の税負担をしても、より確実なものにしていきたいという欲求が領主への古流作開発要求となって、享保期の主たる目標となる。

以上、正徳期までの秣場出入の中にすでに惣百姓による一村秣場の要求と、村請開発を要求する村方の動きと、布施村に先鋭的に見えるように惣百姓個人個人への割地要求が包含されていることを確認しておこう。

三　流作場開発と農民の対応

享保期布施村の古流作場

宝永期についで布施村は、二度目の嶋谷地の惣百姓への割地要求運動を始める。享保二年（一七一七）から同四年にかけて再三、田中藩地方役人に申し出ている。史料の一部分を引用するが、三五、六年以前の秣場出入以来の状況を、手ぎわ良くまとめている。

布施村の百姓一四八人、名主、組頭一一人の連名の願書は、村下の二六〇町歩に及ぶ嶋谷地の確保のためには、「惣百姓銘々割地ニ仕」る事が最良の方法との判断があったと考えられる。割地の方法として、惣百姓の戸数割二反と、残りは高割にて割渡すという、後の流作場割渡しの方法がすでに農民の要求の中に現れている。しかし流作場という言葉はまだ現れていない。

享保二年　根通谷地之儀ニ付布施村願書

以書付願上申候事

一　当村下嶋谷地之儀、三拾五六年以前ゟ再三他村ゟ色々之出入取組、惣百姓度々致迷惑候、右場所之儀其儘置申候而ハ、此以後とても世間ゟ新田等ニ被望申候而も当村挨拶も六ヶ敷御座候、依之右場所之儀勝手能所見立惣百姓銘々割地ニ仕度奉願候事、

一　右場所之儀銘々割地ニ被　仰付被　下候ハヽ、来戌暮　新原山並之御年貢上納仕度奉願候、御年貢永多ク差上申候而ハ困窮之百姓之儀ニ御座候間、難儀ニ成可申候ニ付、割地壱反歩ニ付永拾文ツヽニ被、　仰付被下置候様ニ被　仰上被下候様ニ奉

願候事、

一　右場所之儀願之通被　仰付被下候ハヽ、百姓水呑迄平均壱人ニ付弐反歩程ツヽ割、相残場所御田地高割ニ仕度奉願候事、

（柏市布施　後藤酉子家文書『柏市史資料編五』）

田中藩ではこの布施村の要求を受け入れなかったが、享保九年（一七二四）に至って新しい状況が生まれた。「川向関宿領村々で段々流作仕候」また「手前御他領ニ而茂次第ニ流作仕候」として、我々五カ村へも「流作被仰付」(注16)るようにと申し出ている。はじめて「流作」という言葉が現れる。田中藩でもようやく許可し、同年十一月、五カ村は請書を提出する。(注17)

①　利根川通りの土手形は少しも手を入れない。

②　流作之場所は早稲のみ仕付ける

③　来巳秋から年貢上納する

④　「仕付不情ニ仕候ハバ、流作場御取上ケ元之草野地ニ可被仰付候」

〈他領村々との共同秣場〉→〈秣場出入〉→〈村下一村秣場〉→〈村請開発要求〉→〈私領主による流作場承認〉という過程を経て、ようやく安定したかに見えた利根川河川敷の嶋谷地に今度は幕府の介入をみることになる。

享保一二年（一七二七）、幕府関東郡代伊奈半左衛門が調査にのり出し、布施村に上申を求めた。

伊奈半左衛門の尋問に、布施村は次のように答えている。[注18]

①　三年以前から流作場として開発してきたが、まだ年数も浅く開き揃わない。蘆野と悪場は秣場で、草野銭八貫四百文上納している。

②　野銭は指出ししているが、検地入は未だ無いが、大概申伝えられている町歩は

秣場弐百六拾町歩程　　布施村

此訳

六町八反四畝弐拾五歩　　但壱反弐斗弐升取流作田

壱町弐反七畝拾七歩　　但壱反永参拾文取流作田

七町八畝弐分　　見取田

享保十二年の段階で、流作田三パーセント、見取田二・八パーセントに過ぎず、九四パーセントは以前の秣場のままであった。開発が進んでいなかったことは、幕府にとって幸いであった。伊奈半左衛門が、布施村古流作の調査に当たった享保十二年、紀州流の水利土木の巧者といわれた井澤弥惣兵衛も「新墾ならびに荒蕪開耕の事は井澤弥惣兵衛為永うけ給わり」（「徳川実紀」）と命を受けていた。

しかし幕府が利根川流作場に直接かかわるようになるまでには、十年を要する。その理由は明確ではないが、享保十五年（一七三〇）原地新田の検地をした直後、小宮山杢之進が「民の難困をろそかにしたり」（「徳川実紀」）として失脚し、同日勘定奉行杉岡佐渡守など三名も処分されてい

る。井澤もまた失脚するが、勘定所内部の対立もさることながら、荒蕪地開墾が農民の抵抗をうけ、思うように進まなかったことにも一因があったと推測される。

田中藩が許可した布施村他四カ村の私領古流作場のその後の推移のついては必ずしも明らかでないが、私領流作場として認められていたことを示す史料がある。天保三年（一八三二）の史料であるが、寛保二年（一七四二）、幕府の流作場検地の時、古流作として開発作付けされている分は私領流作として認め、「無開発の分は、聊の場所にても御料反高場として検地を請ける」[注19]とされた。

幕府の流作場開発と農民の対応

「流作場」という言葉がはじめて布施村の史料に出てくるのは、前述のように享保九年である。川向の村々で「段々流作仕候」と田中藩への願書にみえる。それまでは農民個々人への「割地」を要求していた。「流作」と「割地」を農民が要求するということは、ほぼ同意味の言葉と見てよさそうである。それに享保期の三つの荒蕪地開発はいずれも「村請」でなされるが、この「村請開発」は遅々として進まない。むしろ逆戻りしている。農民が村請を要求しながら怠っているのである。

ここで「流作場開発」という言葉を検討してみる必要があるように思われる。元文期に始まる幕府の「流作場開発」といわれているものは、事実的には「反高場」として検地をして農民に割地をしたものだからである。

「反高場」と「流作場」の関係について見る。『地方凡例録』には次のようにある。[注20]

「一反高之事
新田を取立るといえども、芝地等にて至て悪地か、又池沼等の植出し、堤の外定まらざる地等にて、出水の度毎に押し流す様たる場所、又ハ反別計いたし、検地取箇を付けて、高に入ざる田地を反高場といふ。・・・（中略）
然しながら開発後追々地馴て高入にも成べき地所なれバ、反高にせず見取場になし置き、後年地馴たる上にて相改め高入に致せども、前書の如き地処ハ始終とても高に結びがたし、故に反高に致すことなり」
つまり「見取場」にもならない、「高ニハ結びつけ難い土地」である。利根川流作場はまさにこのような土地であった。
「流作場」は同じく『地方凡例録』では、「是ハ川筋・堤外、或ハ湖水池沼等の岸通りにて、囲畔もなく用水一面に掛る地所に、稲作を仕付ける分ハ、反別の改めを受け、流作場と唱えて年貢を納む」と記されている。
流作場は葭や萱の根を掘り起こして開田しなければならない。そして植付け収納があれば年貢を納める。押し流される年は皆損となる。現在の休耕田を見るまでもなく、一、二年休めば葭や萱が繁って新たな開墾が必要となる。農民にとってはやっかいな代物である。
「流作場」にしたいのは幕府であって、農民にとっては「反高場」のままの方がはるかに望ましい。反高永を負担するかわり、検地帳に登録され秣場として使え、保有権は保障されるからである。以上のことを確認した上で布施村下の幕府の流作場開発を見よう。

元文三年（一七三七）、幕府は利根川通一帯の流作場開発に踏み切り、見分のため役人を派遣した。関宿から佐原まで開発請負人があったとして農民に対したが、すでに享保十二年関東郡代に布施村他五カ村の流作場の調査を命じており、幕府も「村請」以外の方法はないことは承知していたと考えられる。幕府の流作場開発に先立つ小金・佐倉牧縁原新田もすべて村請の持添原新田として成立していた。(注21)

同年八月、布施村他十一カ村は、この幕府の開発計画に反対して奉行所に訴えている。概要は次の通りである。(注22)

① 関宿より佐原迄の利根川通堤外の水開場が、残らず流作願人に渡されるのは、百姓は迷惑至極である。

② 右の場所残らず流作場とする事は不可能である。渇水と大水の繰り返しで、地高の場所で田畑と成るべき所は一〇分の一位のものである。

③ 十二カ村の内布施村他五カ村は、享保年中すでに地頭に申出て、流作場に仰付けられて十四、五年になるが、三、四年に一度八分の一から一〇分の一位収納できればいい方である。

このため幕府は再度布施村他四カ村に古流作場開発の実態の報告を求めた。第1表が報告内容である。流作田畑として請け負って開発したのは、五七町歩、秣場全体の一割強である。

流作場御請証文之事

下利根川通堤外　　下総国相馬郡

一　埜地反別七拾三町弐反八畝六歩　　布施村
　　此地代金百拾七両三分永百四拾六文六分
　　　但壱反ニ付永百六拾文余
一　沼地反別五拾三町七畝廿九歩　　同村
　　此地代金弐拾六両弐分永三拾九文八分
　　　但壱反ニ付永五拾文
右同断　前嶋・根嶋
一　秣場反別七拾六町五反拾九歩　　同村
　　　但壱反ニ付永百六拾文余
　外ニ
　秣場八町五反歩　川通御立置被　下候分、
右同断　石嶋・柳嶋
一　秣場反別弐拾六町九反弐畝拾五歩　　同村
　　此地代金四拾三両壱分永六拾七文弐分
　　　但壱反ニ付永百六拾文余
　外
　秣場弐町九反九畝歩　川通御立置被　下候分、
右同断　大嶋

第１表　元文３年　５ヶ村流作場書上（安生太左衛門宛）

	舟戸村	小青田	大　室	花野井	布　施	計
秣　場	58町2	33町5	125町2	118町	165町	499町9
野　永	4貫400	800文	9貫200	5貫600文	8貫400文	28貫400文
田中藩許　可⇒	(38町内)	(16町2反)	(62町9内)	(43町内)	(60町内)	(220町内)
流作田	8.5.1.28	2.2.3.07	8.0.7.26	9.0.6.00	14.0.4.29	57町4.8.18 享保10年開発
流作畑	6.2.1.22	2.4.6.15	4.9.3.00	1.9.3.13		
					未開発分 ⇒	163町今以秣場

一　秣場反別三拾町七反四畝拾八歩　　同村
　　此地代金四拾九両壱分永弐百拾四文五分
　　　　但壱反ニ付永百六文余
外
　秣場三町四反壱畝歩　川通御立置被　下候分、
　惣地代合金三百六拾両壱分永五拾弐文五分
右者利根川通下総国相馬郡布施村堤外書面之埜地沼
秣場、当未年ゟ壱毛流作地新田村請開発之儀被、仰
付奉畏候、然上者村中大小之百姓無甲乙地所割合仕、
早速開発可仕候、地代金之儀右之金三百六拾両壱分
永五拾弐文五分、当未年ゟ来酉年迄鍬下三ヶ年之積
を以、当未年ゟ急度上納仕、四ヶ年目戌年御検地請、
同年ゟ御年貢土地相応ニ被、仰付次第差上可申候、
若流作場開発之未熟ニ仕候歟、又者地代金上納相滞
候ハヽ、右之地所縦開発致懸リ候共不残御取放シ、
其上何分之越度被　仰付候共御訴訟ヶ間敷儀申上間
敷候、依之村請證文差上申候所仍如件
　　　　　　　　　　　　下総国相馬郡布施村

元文四年未六月

名主　善右衛門

組頭　伊左衛門

百姓代　半　平

御奉行所

（柏市布施　後藤酉子家文書『柏市史資料編五』）

元文四年（一七三八）二月、布施村他三カ村連名で願人並みの地代金を上納するとして村請開発を願い出た。幕府も同年六月あっさりと村請を許した。布施村一村で二六〇町歩余、地代金三六〇両余であり、一六〇戸余の村方としては手に余ったものか、大嶋西方四五〇間地代金七七両で越石として野々井村に請け負わせている。どれだけ流作場として請け負ったのかは分らない。ただ沼地も秣場も皆、地代金を負担することによって、幕府が二六〇町歩余の嶋谷地を布施村一村の地敷と認めたことになる。

この嶋谷地のうち、布施村がいずれ流作にすると請け負ったのは第2表のとおり、一五九町歩余である。沼地、秣場（三三町歩余）は除外された。

田は反取永がつかず、畑や萱畑は反取永がつく。流作場は本来、作物を仕付けた場合のみ、見分を受け、年貢を払う。それゆえ最初から反取永がついているのは「反高場」として幕府も考えていたと見てさしつかえあるまい。

寛保三年（一七四三）の検地で布施村は、一五九町歩が惣百姓銘々に割地された（大嶋には村持あり）。布施村は地代金三六一両余を幕府に納入（三カ年賦）はさせられたが、永年求めてきた村下二六〇町歩余りのすべてを確保するという目的は達せられた。

「数カ村入会秣場」→「一村秣場」→「惣百姓への割地」が実現した。そしてなお重要な事は「反高場」として最低限の負担にとどめたからである。寛保二年（一七四二）八月の大水は流作場をのみこみ「当年貢不残御免」という状況を創りだした。

宝暦八年（一七五八）、幕府が流作場の高入れをはかった時もそれに反対し、布施村は次のような願書を提出している。流作場として開発したのは一五九町歩の内二町三反歩余、わずか一・五パーセントである。利根川の河床は段々高くなり水落差支、開発もできない。川瀬が古来のとおり立ち返ったら開発仕り、高入れされても文句は言わないと述べ、開発することを怠っている。

宝暦八年　　流作場高入御免願

差出申一札之事

一　流作惣反別百五拾九町一反廿壱歩

此訳

田請反別三拾町三畝拾八歩

内弐町三反五畝廿九歩　　開発
残二拾七町九反七畝拾九歩　無開発
畑請五町四畝廿七歩　　無開発芝地
　百弐拾四町壱畝廿六歩　　萱畑、芝畑、埜畑
右者下総国相馬郡布施村流作場之儀、御高入ニも可罷成哉之旨段々御吟味之上、猶又此度為御見分被成御出拙者共致御案内委細見分ニ入候通、弐拾年以前未年反高御検地以来申・酉・戌迄田反別漸弐町三反余開発仕候所、戌年大変以来段々川敷高罷成水落差支、開発も難相成御座候、此度御見分被相成候通当月十七日雷雨降り溜水差支、以今水所ニ罷成候ニ付、致開発候処も植付仕兼候躰ニ御座候、畑請之儀も御検地已来壱町歩程開発仕候得共、地低ニ而出水ハ勿論大雨之度毎水湛作付不申、殊ニ近年川敷高罷成、畑ニ難相成無是悲付荒蕪地ニ而差置申候程之義ニ御座候得者、御高入ニ被仰付候而ハ迷惑至極ニ奉存候間、御請難仕段申上候者、難儀之趣尤ニ相聞候得共、根通ニハ掻上ヶ小土手も有之、土手内ハ御高入ニ被　仰付候共違背者相成間敷之

第２表　布施村流作請負反別

	反　　別	反　取　永	地　代　金
田	29町4.2.03		
畑	5. 0.4.27	20文15文	361両１分
萱　畑	2. 2.9.21	60.45.30	永52文５分
芝　畑	75. 0.0.24	40.30.20.10	
埜　畑	47. 2.4.06	15.10.　8.　5	
小　計	159. 0.1.21		
外　ニ	沼　72. 2.0.21	3文	
	秣場　33. 5.5.12		

旨御吟味ニ御座候、尤右場所之儀前条之通少々開発仕、
多分未開発も不仕候、色々手入仕候得共一躰利根川敷
高罷成、水落差支候ゆえ当時開発難仕御座候、依之根
付ニ古来有来御私領田畑之儀も見取流作等ニ而高入ニ
者相成不申候、布施村之儀者大町歩ニ而沼地迄御年貢
上納仕候処、沼地ニハ御覧之通草も生付不申、御年貢
上納仕候処多ク難儀仕候上、仰高入ニ被仰付候而ハ相
続難仕御座候、此已後川瀬も古来之通ニ立返り水落能
罷成候ハヽ開発仕、御高入ニ被　仰付候共違背仕間敷
間、当時御高入之儀者御免被　成下候様ニ奉願候
右御吟味ニ付申上候処、少も相違無御座候、以上

宝暦八年寅四月　　　布施村
名主　又右衛門
同　善兵衛
与頭　宇右衛門
同　伊左衛門
同　勘兵衛
同　伝八

同　孫右衛門
同　伊右衛門
（柏市布施　後藤酉子家文書『柏市史資料編五』）

流作反別のうち、田請、畑請とした部分も無開発の場所が多く、実際に開かれたのは数パーセントに過ぎず、反高場として推移した。惣百姓個々への割地についても、絵図面と帳面の上だけでの割渡しであり、実態は村持秣場として入会地同様であった。

布施村でも、嘉永三年（一八五〇）に写された「布施村反高絵図面」（柏市花野井吉田俊二家文書）では、前嶋、根嶋、大嶋と整然と割地されているように見えるが、絵図のように道があったわけでもなく、境木が植えられていたわけでもなかった。

花野井村でも、流作場に馬が放飼いされていたり、流作場秣刈も「入会同様」になってしまったため、村掟をつくり、明六つの鐘を合図に流作場に出るように定め、約束をたがえた場合はたとえ自分の持地といえども過料としている。(注23)

柴崎村では、長谷川一氏の研究によれば流作場反別にかかわる年貢永を、流作場の漁業権など種々の利権を入札によって請負人を選びその金でまかなった。(注24)請負人は村内に限らず、①川や沼での漁業権、②菜畑の耕作権、③秣場や茅場の利用券、沼にかかる橋についての権利等をそれぞれ請負い、年々およそ三〇両余りの収入を得た。これを流作場にかかる年貢や諸費用にあて、収支はほとんどプラスもマイナスもない年が多かった（収入の多い年は村民に割渡しする）。

以上、元文三年にはじまり寛保二、三年に検地された幕府の「流作場開発」の実態を見てきたが、次の諸点が指摘できると思う。

① 流作場開発はほとんどなされず、「反高場」の設定にとどまったこと。

② 惣百姓個々人への割地も絵図面と帳面上の割地にとどまり、村持秣場として推移した村がおおかったこと。

③ 幕府は堤外水開場の地代金を収納し、年々反高永を徴収することにより、確実に幕領に組み込み、秣場出入をおさえたこと。

④ 農民もまた、流作田畑として年貢納入は微少で、多くの土地が反高場としてとどまるかぎり、地敷の保障を得たことで、それほど不満はなかったこと。

惣百姓の要求は、〈願人に渡さないで村請を〉〈入会秣場でなく一村秣場を〉〈流作場でなく反高・秣場のままで〉〈そして惣百姓への公平な割地を〉というところにあった。

そして布施村の例に見られるように積極的にこれらの問題に対応することによって、ほぼ惣百姓の意図は貫かれたとみるべきであろう。年貢増徴という幕府の意図とは別に、農民自身の運動法則と方法によってしたたかに対処する農民の姿がうかがわれるのである。

幕府は私領主間の未耕地を、公儀意識を前面に出して、私領主から天領に組み込むことにはまったく抵抗もなく成功した。しかし対農民への思惑、つまり反高場あるいは流作場として検地し、耕地化させて高入れをしようとねらいは必ずしも成功したとは言えなかった。

流作場割地と村方騒動

流作場を惣百姓に割渡す過程で、いくつかの村で名主・組頭の不正をつく村方騒動が発生した。花野井村（布施村の西隣り）では、すでに享保十一年（一七二六）、田中藩の古流作場割渡しの際に村方騒動が起こっている。この村は戸数一三三戸（享保二年）馬数一一二疋で、五カ村で願い出た古流作開発で、流作田九町六畝歩、流作畑一町九反歩余りが田中藩より許可されていた名主一人のほかに組頭八人がいたが、この組頭の人数が多いことが問題とされた。

「嶋谷地割合之儀名主・組頭・惣百姓共ニ場所半分ハ平均、半分ハ田地反歩懸ケニ割候状儀者訴状、返答ニ有之候通り相続之上相究、尤くじ取ニ仕候上ハ少も互ニ申分無御座候得共」(注25)と割地の方法は双方共相談してきめたので納得している。

問題は「割合外名主九反歩、組頭壱人付三反歩宛余慶取候儀」が惣百姓が不満に思った点であった。村役人層が余分に割地をうけることは、花野井村だけでなく「上郷四カ村相談の上」きめた事と名主は答えている。

もう一つの争点は組頭八人は多過ぎるので減らすことを惣百姓は訴えたが、村役人側も抵抗した。結局、扱い人（舟戸・小青田・大室村名主）が入って内済したが、その内容は次のようであった。

①　名主は九反歩のうち二反を減じ、組頭は三反歩のうち一反歩ずつ減歩する。
②　名主・組頭・百姓立会のもとでくじ取直しをする。
③　組頭は欠員が出ても二名は跡役を出さず、六名に減ずる。
④　村入用はできるだけ節約し、出銭割には三者立会って決める。

大石氏が指摘された、利根川と鬼怒川の合流点に位置する野木崎村（注26）（現茨城県守谷市）の場合も騒動の原因、割渡しの方法等については同様であった。「名主・組頭は五人で上地ばかり二八町歩も割取った。小前は一人あたり三反五、六畝に過ぎない」と訴え、結局、名主・組頭は合わせて一町五反五畝を返し、騒動に加わった一四〇名に分割した（一人やく一畝あて）

また柴崎村のように惣百姓の中に地代金の支払いができないと割地に反対したもの六人がいたが、その六人（注27）を除外して割渡した。

秣場出入以来、入会地の召し上げに反対してきたのはむしろ村役人層ではなく、惣百姓であったことは前述の越訴一件でも見た通りである。惣百姓銘々に割地される段階（注28）で、彼等はわずか一畝歩の土地にもこだわって村方騒動に発展したことは、惣百姓個々人の意識の高揚と土地確保の意欲の表出がうかがわれる。

しかし花野井村でも惣百姓個々人に割地された土地も、ほとんど流作田畑として仕付けられることはなかった。天保十四年（一八四三）、反高場の増永が命ぜられた時も「反高五拾四町歩壱反壱畝壱五歩取永八貫弐百弐拾七文三分」から七四四文増永されただけで、流作場も入会秣場として使用される所が多かったようである。このため文化三年流作場使用の取極めをしなければならなかったことは、前節で述べたとおりである。

四 享保期未耕地開発の性格

小金牧原新田と手賀沼新田の開発

幕府勘定方が実施した享保・元文期の未耕地開発について、先に「幕府の牧支配体制と原地新田の開発」(小笠原長和編『東国の社会と文化』梓出版 一九九五年)の中で検地高入れはあっても開発の実態がない、再び牧地に戻ってしまう開発として検討した。また井澤弥惣兵衛の手がけた手賀沼の沼新田の開発についても検討を加えた(注29)。前二者と時期的には少し後れる(元文期)流作場開発を見て、三者の共通点が目につく。

第一に、いずれも検地は受けているが開発されることはほとんどなく、元の状態に戻っていること。つまり牧地の開発である原新田は再び野馬入り場として「開野」となり牧地に復したし、手賀沼新田は、千間堤の決壊後再び鳥猟場に復し、「反高場」のまま幕末まで推移し、流作場は、九割以上が元の秣場として推移している。

第二に、私領にまたがる開発はすべて幕領にくみいれられたこと。

第三に、開発願人をいいながら、いずれも「村請」でなされたこと。もちろんほとんどが無民家の持添であった。

第四に、自然の力で開発がはばまれ、年貢永はわずかの田請流作田をのぞいては永取りで推移したこと。流作場は利根川河床の上昇もあり、度重なる洪水にはばまれ、原新田は野馬の入ってくるのを防ぎ得ず、沼新田は利根川の沼への逆流を防げず、千間堤も決壊し、一度は禁止した鴨猟場に復してしまうという状態である。

開発して耕地化するには、無理があった場所と見られる。原新田の開発を担当した小宮山杢之進が、検地後二年で失脚（「豊凶のわかちなく、収租の事書きつらねて課金免されしをも納めたるごとく注記し、民の難困をそかにしたりとて、かくはとがめられしなり」（「徳川実紀」）した のも、この間の事情を物語っているといえよう。

まとめにかえて

宝永～正徳期に多発する秣場出入は、惣百姓層に主導され、時には越訴の形を取り、幕府評定所は早急に統一的にこれを裁かねばならなかった。

伊勢伊勢守を中心とした評定所は、しかし出入を裁き、秣場、原地など私領間にまたがる未耕地の処理をする思想と方法を持たず、混乱していた。江戸近郊の治安の乱れもあり、幕府はこのような状況を切り開くため幕府機構の改革を推し進めながら、「公儀」意識を前面に出して私領間にわたる未耕地の処理にのり出したのではないか。

農民側にとっても、秣場騒動の頻発（どこの村でも一度や二度の出入は経験していた）による土地確保の不安、費用の増大に悩まされてきた。また農民の前に明確な姿を見せないにしろ、「開発願人」の出現は、地先の土地を根こそぎ奪われる問題であり、農民にすれば相応の負担はしても「村請開発」を要求せざるを得なかった。

また農民の内部で生じつつあった村役人層と惣百姓の利害対立が、公正な地割（流作場の分配）を求める村方騒動となって現れる。わずか一畝歩の土地おも公平にという割地をめぐる争いの中に、小前農民の土地所有への欲求が表出されている。

幕府と農民がおかれていた以上のような状況の中で行われた享保期の新田開発の帰結は、大略次の諸点にまとめることができよう。

①　この時期の幕府の新田開発とは、私領主、旗本の本年貢以外の収納を幕府が奪い、独占的に

河川敷、牧地、池沼等の未耕地を新しい幕府の収納体系の中に組み込む役割を果たした。しかもそれを、村方惣百姓の土地保有の願いの高揚をたくみに利用しつつ行われた。

② 寛文期の新田開発とは異なり、大規模な土木工事を伴わない検地（指出、内検地が多い）と、地代金を取って、反高場の設定を行うことを主体とした名目開発となる場合が多かった。

③ 技術的にも、開墾して耕地化するには無理な場所が多かったために、担当者の意図とはうらはらに、未開発のまま推移するか、開発しても自然の力の抗せず、元の形に戻ってしまう場合が多かった。

④ 惣百姓にとってもまた、個々人の割地は実現しても、自己保有地として開発できず、その保有権も不安定のまま置かれた。

⑤ それでもなお、沼や川の周辺の未耕地をめぐる村落間の秣場争論は幕府が一括的に裁許し、これらの新開地は統一的に天領に組み込まれた。農民側には未耕地の帰属をめぐる争いは、幕府（公儀）にその決定権があることを意識させる契機になったといえよう。

従来の徴税法を大幅に変更して、流通、用益権等に対しても課税していこうとする幕府の増徴策も否定はできないが、むしろ地代金を取って、領有関係の明確でない未耕地を農民に放出することによって、自らの危機を乗り切っていこうとする幕府の意図がうかがわれるのである。

（注1）「元文・延享期関東における流作場検地」大谷貞夫（成田山教育・文化・福祉財団紀要2）
（注2）「享保改革期における流作場開発政策と村落―下利根川流域野木崎村を中心に―」大石学（徳川林政史研究紀要　五四年）
（注3）大石学前掲論文
（注4）大谷貞夫前掲論文
（注5）大石学前掲論文
（注6）年不詳「新流作一件書抜」柏市布施後藤酉子家文書『柏市史資料編五』
（注7）天和三年「青山村と布施村草場出入」柏市布施後藤酉子家文書『柏市史資料編五』
（注8）正徳二年「新田開発請負願人より惣百姓へ取次願書」後藤家文書『柏市史資料編五』
（注9）宝永四年「根通谷地之義ニ付布施村願書」後藤家文書『柏市史資料編五』
（注10）宝永六年「谷地之義ニ付船戸村など四ヶ村越訴一件」後藤酉子家文書『柏市史資料編五』
（注11）正徳二年「新田開発請負願人より惣百姓へ取次願書（写）」後藤家文書『柏市史資料編五』
（注12）正徳四年「布施・久寺家と青山・柴崎谷地出入」後藤家文書『柏市史資料編五』
（注13）正徳五年「布施久寺家村、柴崎青山村秣場出入裁許証文」後藤家文書『柏市史資料編五』
（注14）「享保期における江戸周辺農村の動向と幕府の対応」大石学
（注15）正徳五年、後藤家文書『柏市史資料編五』

（注16）享保九年「流作之義ニ付根通り五ケ村願書」後藤家文書『柏市史資料編五』
（注17）享保九年「差上申一札之事」後藤家文書『柏市史資料編五』
（注18）享保十二年「秣場流作開発概況答書」千葉大学所蔵文書『柏市史資料編五』
（注19）天保三年「根通悪水堀床御料私領之訳等ニ付答書」吉田俊二家文書『柏市史資料編七』
（注20）『地方凡例録』上巻　大石慎三郎校訂　近藤出版社
（注21）「幕府の牧支配体制と原地新田の開発」中村勝『東国の社会と文化』小笠原長和編（梓出版社）所収
（注22）元文三年「秣場開発之義ニ付利根川南縁村々願書」吉田俊二家文書『柏市史資料編七』
（注23）文化三年「秣刈等之義ニ付花野井村取極書」吉田俊二家文書『柏市史資料編七』
（注24）長谷川一「天保期の柴崎村における流作場・原地新田の領有をめぐる一件」我孫子市史研究八
（注25）享保十一年「嶋谷地割合之義ニ付村方出入一件扱済口証文」吉田俊二家文書『柏市史資料編七』
（注26）大石学前掲論文（注2）
（注27）長谷川一前掲論文（注24）
（注28）天保十四年「反高場増永之義ニ付花野井村願書」吉田俊二家文書『柏市史資料編七』
（注29）「沼南町調査報告書」

中村　勝（なかむら　まさる）

1940年 柏に生まれる。千葉大学文理学部(史学専攻)卒。

県立高校社会科教師のかたわら、旭市史、習志野市史、海上町史、茨城県堺町史編さんにたずさわる。

千葉経済大学講師を経て、現在柏市史編さん委員、中村順二美術館々長。

共著に平凡社歴史地名大系『千葉県の地名』など。

手賀沼開発の虚実
―「千間堤伝説」と「井澤弥惣兵衛伝説」の謎を解く―
手賀沼ブックレット　No.6

2015年（平成27）3月10日　第1刷発行

著　者　中　村　勝
発行人　竹島いわお
発行所　たけしま出版

〒277-0005　千葉県柏市柏708-73　ヒルズ柏402
TEL／FAX　04-7167-1381
振替　00110-1-402266
印刷・製本　戸辺印刷所

好評発売中 「手賀沼ブックレット」 既刊

手賀沼ブックレット No.1 A5判 111頁 本体一〇〇〇円
元手賀沼漁協組合長深山正巳による
一つの手賀沼 深山・相原による手賀沼の過去・現在 相原正義
2013・7

手賀沼ブックレット No.2 A5判 76頁 本体九〇〇円
手賀沼をめぐる中世① ―城と水運― 千野原靖方
中世東国史研究者による手賀沼周辺の城と水運をめぐる攻防を活写
2013・7

手賀沼ブックレット No.3 A5判 80頁 本体九〇〇円
利根川水系の鮭と環境学習 佐々木牧雄
鮭の遡上南限の利根川の鮭漁の歴史と、孵化から放流の環境学習記録
2014・1

手賀沼ブックレット No.4 A5判 94頁 本体一〇〇〇円
手賀沼をめぐる中世② ―相馬氏の歴史― 千野原靖方
千集常胤の二男に始まる相馬氏の四五〇年にわたる一族の歴史探究
2014・6

手賀沼ブックレット No.5 A5判 116頁 本体一〇〇〇円
ボート屋の手賀沼歳時記 え・文 小池 勇
かつてヘラ鮒釣りの「メッカ」、手賀沼のほとりボート屋の年々歳々
2014・7

たけしま出版